《格林斯潘》心理育儿系列

培养孩子的安全感

THE SECURE CHILD

（第2版）

[美] Stanley I. Greenspan, M.D. 斯坦利·格林斯潘 / 著

张东宾 / 译

华夏出版社
HUAXIA PUBLISHING HOUSE

图书在版编目（CIP）数据

培养孩子的安全感 /（美）斯坦利·格林斯潘（Stanley I. Greenspan）著；张东宾译. —— 2 版. —— 北京：华夏出版社有限公司，2023.3
书名原文：The Secure Child: Helping Our Children Feel Safe And Confident In A Changing World
ISBN 978-7-5222-0345-4

Ⅰ.①培⋯ Ⅱ.①斯⋯ ②张⋯ Ⅲ.①心理健康－家庭教育 Ⅳ.①G444②G78

中国版本图书馆 CIP 数据核字（2022）第 105406 号

The Secure Child by Stanley I. Greenspan,M.D.
Copyright © 2002 by Stanley I. Greenspan,M.D.
Simplified Chinese translation copyright © 2023 by Huaxia Publishing House Co., Ltd.
Published by arrangement with DA CAPO PRESS, a member of Perseus Books Group through Bardon-Chinese Media Agency
博達著作權代理有限公司
ALL RIGHTS RESERVED
版权所有 翻印必究
北京市版权局著作权合同登记号：图字 01-2012-8010 号

培养孩子的安全感

作　　者	[美]斯坦利·格林斯潘
译　　者	张东宾
责任编辑	王凤梅
责任印制	刘　洋

出版发行	华夏出版社有限公司
经　　销	新华书店
印　　刷	三河市少明印务有限公司
装　　订	三河市少明印务有限公司
版　　次	2023 年 3 月北京第 2 版　2023 年 3 月北京第 1 次印刷
开　　本	880×1230　1/32 开
印　　张	7.25
彩　　插	6
字　　数	140 千字
定　　价	49.80 元

华夏出版社有限公司 　地址：北京市东直门外香河园北里 4 号　邮编：100028
网址：www.hxph.com.cn　　电话：（010）64663331（转）
若发现本版图书有印装质量问题，请与我社营销中心联系调换。

目 录

■ 导言 001

■ 第一章 在多变的时代，帮助孩子感到安全的四项原则 001

四项原则 002

　　多和孩子共处・帮助孩子表达自己的感情和忧虑・给孩子具体而实在的安慰・帮助他人

不断发展的安全感 007

　　婴儿和幼儿・学龄前儿童・学龄早期儿童・青少年・有特殊需要的孩子

未来的愿景 011

■ 第二章 如何成就有安全感的孩子 015

与家人的关系 017

韧性 023

有安全感的孩子的特征 027

　　依靠重要的人际关系获取慰藉的能力・能全面表达自己情感和需求的能力・解决问题和进行创新的能力・说出想法，表达各种情绪的能力・推理和思考的能力・能看到事件背后的多种原因并能理解"灰色地带"的能力・塑造个人内在标准并且培养自我认知的能力

安全感和同理心　055

■ 第三章 婴儿期和童年早期的安全感　061

安全感的六大心理基础　062

学会平静并能关注周围的世界·感觉温暖并愿意亲近他人·无须言语的交流·懂得与他人沟通进而获得想要的东西·说出想法，表达情绪·以合乎逻辑的方式联结各种想法的能力

婴儿和学龄前儿童苦恼与不安的共同征兆　076

过分忧伤·好斗和过分冒险·过分害怕和焦虑·回避某些情感　·害怕用语言表达情感·身体上的病痛·混乱的行为·被动、无助的行为·封锁情绪·退缩

帮助婴儿和学龄前儿童增强安全感　084

"地板时间"·根据每一个孩子的个体特征调整"地板时间"·解决问题设定界限

■ 第四章 小学时期的安全感　111

帮助孩子建立安全感和自信心的新能力　113

三角思考的能力·用相对的观点来看待情感和人际关系·内在的标准和日益增长的自我感知

小学时期孩子不安的征兆以及父母可以帮助的途径　127

　　过分害怕和忧虑·过分忧伤和抑郁·在学习和纪律方面存在问题·过分依赖群体·极端地以自我为中心并颐指气使·认为所有的事情都针对自己·极端和刻板的想法·支离破碎的思维·躲入幻想的世界·否认自己的感受·限制自己的情感范围·身体上不适的症状·冲动和混乱的行为·被动和无助·封锁情感·退缩

小学时期，增强安全感的五项原则　146

　　善用"地板时间"·与小学生一起解决问题·用同理心感知孩子·把挑战分解成若干部分·给孩子设定行为界限

第五章　自信且有安全感的青春期　175

青春期具备的新实力　176

　　日益增长的自我感知·预料未来·应对依赖·控制性欲·控制自身的攻击性·为未来做打算的能力·更好的学习能力·亲密关系

青少年苦恼的征兆　191

　　缺乏相应的人际关系和兴趣·沉迷于某种兴趣·过分关注自己的身体·性早熟或过多涉入性行为·冒险行为·饮酒和吸毒·恐惧、担心和焦虑·悲伤和抑郁·对未来感到害怕

帮助青少年更有安全感 201
　　闲逛时间・解决问题・同理心・循序渐进・设定行为界限

■ **第六章 帮助儿童和青少年迎接未来** 217
■ **致谢** 222

导　言

　　自古以来，家长们首要的任务，就是保护孩子远离危险。孩子们需要具备一种能让自己感到安心的能力。父母帮助孩子开发出这种能力，他们就能自信地成长。我在本书中列出了一些基本原则，能够帮助孩子们建立安全感。这些原则基于这样一种认识，即孩子们的安全感主要建立在他们同父母和家人的关系上。家庭关系，提供了应对外在世界的一种保护，能让孩子们随时随地感觉到庇护——被照顾、被养育和被保护。这为孩子们提供了一个安全的天堂，在其中，孩子们可以去探索和表达他们的感情，同时学会客观地看待可怕的事情，而不是将其个人化。

　　为了让孩子们感到安全，并且帮助他们应对成长中的问题，我们还需要回过头去搞明白，从长远来看，孩子们到底需要什么样的能力，才能学会应对从没有遇到过的情形。我们需要面对未来生活中的不确定性，它们是人生的一部分。而最重要的是，我们需要帮助孩子成长为"能让明天更美好"

的人。

做到这些很不容易。它需要很多的个性品质,尽管由于生活的压力,这些品质并不显露在外。举例而言,我们面对生活中的危机和问题,要有良好的人际交往能力,要能够寻求朋友的帮助,还能向朋友表达自己的感受,寻求问题的解决。然而现在,由于家长工作繁忙,以及希望子女接受更多的正式教育或照料,孩子们的人际交往能力并没有得到应有的重视。如果父母抽不出时间陪伴孩子,同他们建立亲密的关系,了解和接纳他们的感受,给孩子做出耐心、宽容以及合作的榜样,那么孩子就无法培养出信任他人、求助朋友以及团队合作的能力。

本书第一章讲述帮助孩子应对困难的暂时性策略。第二章描述了有安全感的孩子有哪些特征;同时列出了需要给孩子们设定的长期目标,以帮助孩子们感到安心、做好准备面对未来。然而,尽管家长们尽了最大的努力,在孩子的成长过程中,还是会有很多压力和苦恼。关键是如何将这些焦虑或压力,转变为成长的机会。苦恼不只是揭示了孩子心中的忧虑,同时也透露了孩子在某些方面需要强化或鼓励。

第三、四、五章分别近距离地观察了婴儿和学龄前儿童、学龄期儿童以及青少年,探讨了在不同的年龄阶段如何建立安全感。随后,我们将关注安全感缺失的孩子可能会出现哪些问题。这些对于孩子未来的成长提供了机会,帮助他们克服自己的恐惧,并且日益成熟地解决难题。

最后一章探讨了当今时代,为什么帮助孩子建立安全感是如此重要。我们的孩子生活在一个高度相互依赖的世界里,依赖的程度比任何历史时代都要更甚。诚如大家所了解的那样,在我们自己和其他人之间并无多少隔阂。所有人都将会发现大家同在一条船上,可谓是休戚与共。理解他人、同他人合作、合力寻找冲突解决之道的能力,将会日益重要。

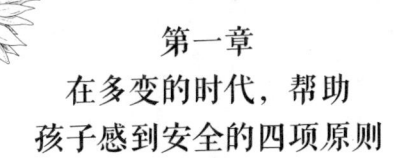

第一章
在多变的时代，帮助孩子感到安全的四项原则

父母可以通过倾听、表达同理心以及通过游戏的方式帮助孩子分享他们的心事。当孩子说完之后，家长可以进行总结或者复述他们说的内容，询问是否这就是他们的感受，并且尽可能帮助他们淋漓尽致地诉说清楚。

在提升孩子和家庭成员的安全感方面，我们有很多经验，但在探讨每个年龄段的经验之前，我首先阐明四项原则。这些原则是家长们采取各种方法的前提和基础。

四项原则

多和孩子共处 ▸

同家人待在一起，也就是说同你所信任的人维持一种亲密的关系是安全感的第一个层次。当你有足够多的时间同那个人相处，身处其中并受到保护，你会感到周围世界里的每一天都是可靠和安全的。而这种安全感，只产生于温暖的、充满关爱的家庭关系中。

当孩子及其家庭都觉得有机会满足基本的要求，且能追求完整和有价值的生活时，儿童自然会很有安全感。

让孩子感受到保护和舒适的家庭关系非常重要，相比之下，日常生活的琐碎忙碌则显得无关紧要。家庭关系对于婴幼儿来说必不可少，对十几岁的孩子和青年来说也相当重要。同时，这种家庭关系对父亲、母亲以及其他家庭成员来说也同样重要，因为当家人待在一起时，每个人都会感到安心。

帮助孩子表达自己的感情和忧虑 ▶

接下来，家长需要帮助孩子表达他们的感情和忧虑。这就意味着给孩子们时间、同理心并且支持他们诉说感受。过于急切的安慰难以让孩子的情感得以宣泄。对于一个受到惊吓的孩子来说，想要立即听他谈论自己的恐惧是非常困难的。他不会说自己担心亲人遇害，或者自己将被杀死，也不可能听到他问类似"这会发生在我们身上吗？"这样的问题。只有当孩子有机会表达完自己的感受之后，父母的安慰才会收到应有的效果。

父母可以通过倾听、表达同理心以及通过游戏的方式帮助孩子分享他们的心事。在孩子说完之后，我们可以帮助他们总结或者复述他们说的，询问是否这就是他们的感受，并且尽力帮助他们淋漓尽致地诉说清楚。要想让孩子们清楚地

要想让孩子们清楚地表达他们的忧虑，父母和其他的看护者需要善于倾听、善于换位思考并且善于合作。

表达他们的忧虑，父母和其他的看护者需要善于倾听、善于换位思考并且善于合作。对于我们所有人来说，当知道有人愿意倾听我们的心声，并且确实有人可以让我们倾诉，会让我们感到无比欣慰。

给孩子具体而实在的安慰 ▶

帮助孩子感到安全的第三步就是开始提供安慰。然而，只有比较实在具体的行为，安慰才会有效。换句话说，孩子们想要知道，作为妈妈、爸爸或者老师，你为他们做了什么，并据此确认他们是否受到了保护。这一点上，采取措施确保孩子在家里受到保护并且安全，如同政府采取措施保护民众安全一样重要。举例而言，当孩子们在飞机场或火车站看到很多人正在验票和检查行李时，家长需要告诉他们为什么这么做：保安和警察正在努力确保坏人不会进入大楼或者登上飞机。有了这些及时的解释，孩子们就不会因为看到变化而受到惊吓或者感到困惑。当然，解释这些之前，家长必须要考虑孩子的理解能力。因为，显而易见，对一个四岁大的孩子来说，你不应该像对一个十四岁的孩子那样进行解释。对四岁大的孩子来说，你只需要告诉他以下这些就足够了：妈妈和爸爸还有其他人都在尽力照顾他并且保证他很安全，另外会有专门的人员提供警戒并且不会有坏人接近。每一个年龄段的孩子都有自己特殊的担忧，关于这一点，我们将会在后面的章节里进一步阐述。

> **帮助孩子提升安全感的四原则**
>
> ☆ 多和孩子共处；
> ☆ 帮助孩子表达自己的感情和忧虑；
> ☆ 给孩子具体而实在的安慰；
> ☆ 帮助他人。

帮助他人

儿童，同成年人一样，会最终从帮助他人的过程中受益。比如捐献东西给其他需要的人，或者用其他方式提供帮助。很多教育者在课堂上同孩子们探讨类似的话题，比如为灾难中的受害者募集资金，或者设计为公共健康或安全提供帮助的项目等。从旧物回收、饼干义卖、代写书信到"认养"公共空间（如认养公园植物）等，不管付出努力的大小，都能让孩子们感到更多的安全而不是无助。当孩子们（以及成年人）感到自己可以直接参与并从事积极的和建设性的活动去解决问题时,他们就会获得能力和自信。

针对不同年龄以及有特殊需要的孩子,如学习或者发展上的问题,在使用这四项原则时应采取不同的方式。通常来说,家长们很难弄清楚孩子在一天中会记住多少事情。对于发生的事情,我们应该对孩子们说多少合适呢?

对家长来说一个不错的经验是,要设想孩子们能够以适当的语言水平去理解事物——不是他们的阅读、算术或者应试水平,而是他们开展口头交流的能力。换句话说,如果孩子说"我想到外边去"而当我们问她"为什么"时,孩子回答说"因为我想出去玩",那么这样的孩子就具有了因果思维能力,能够理解"为什么"之类的问题。这样的一个孩子才会想知道,为什么会有人对美国发动恐怖袭击。等到了再大一些,孩子们就可能会问这样的事情是否还会发生。到那时,他们就开始具有了逻辑思维能力。

让我们看一下在不同发展阶段的一些差异(并不总是按照年龄的时间顺序),来了解在每一个年龄阶段如何安慰孩子的一些准则。

家长可以同孩子们趴在地板上，倾听孩子们的表达。然后，家长还可以通过一个主题游戏进行回应，以此表明他们理解孩子所说的内容。

不断发展的安全感

婴儿和幼儿

婴儿和幼儿能够感受到家里或者幼儿园的氛围。所以，对成年人来说，无论在家还是在外面其他什么地方，为孩子们提供额外的照料是非常重要的。婴儿能够感受到焦虑。幼儿能够看到电视上稍纵即逝的画面并且能听明白可怕的声音。

学龄前儿童

对于学龄前儿童来说，他们能说出部分句子，但还不具有逻辑思维能力，对他们可以采用和婴幼儿一样的方式，只是我们需要增加更多的游戏。父母可以同孩子们玩过家家的游戏，使用很多词语和手势，在这个年龄阶段，这是非常好的。家长可以同孩子们趴在地板上，倾听孩子们的表达。然后，家长们还可以通过一个主题游戏进行回应，表明他们理解孩子所说的内容。如果一个孩子打翻了东西，家长可以说，"哦宝贝，真糟糕"，然后明确地问他们怎样做会更好。用语言对学龄前儿童的行为进行描述，是一个很好的主意，因为在他们刚刚开始学会口头表达时，他们能够理解的事物比他们能够表达的要多很多。即使对于那些有着特殊需要、言语表达支离破碎、尚不具备因果思维能力的孩子，这种方法同样很有用。

学龄早期儿童 ▶

学龄前儿童以及小学一二年级的孩子，已经具备逻辑思维能力了。电视上看到的东西会让他们感到害怕，因此家长应该不让他们看那些过于写实的节目或者报道。孩子们可能会对偶然看到的东西很是在意，甚至担心那会发生在自己或者家人朋友身上。

对于 7 到 11 岁的孩子，提供安全感是一种特殊的挑战。这些年龄段的孩子对发生的事很清楚，但往往倾向于"非黑即白"的思维方式。对于一些复杂情况，他们往往会陷入困惑。一些这个年龄段的孩子会非常焦虑，噩梦不断。要安慰这些孩子并不容易，只是告诉他们说一切都不会有事，并不能让他们宽心。对于事情为何发生，他们会自己琢磨出一套看法，尽管通常这些看法都很不准确。可是，他们对这些看法却深信不疑。由于这个缘故，我们不能只采取前面提到的四项措施，那样做的安慰作用非常有限。

对这个年龄段的孩子而言，我们需要长期地提供一种非常舒适、滋润的氛围。这个阶段的孩子对于当下发生的事情往往有所了解，但是并不全面。他们也能够表述想法，但缺少应对问题的能力。通常在这个年龄，他们刚开始学习如何了解一个问题的多种原因，或者事件的灰色地带。如果有些东西让他们恐惧，那么到底是非常恐惧、中等恐惧、有点恐惧，或者只是一丁点恐惧，对他们来说都很难区别。因此，每一个恐惧都可能会是一个巨大的恐惧。另外，我们需要帮助他们了解思维的"灰色地带"。举例而言，如果一件事在另一个地方发生，是不是就意味着也会在自己所在的地方发生呢？可能会，但更可能不会。我们必须花费时日，帮助他们理性地分析，帮助他们寻找导致事件发生的多种原因。如果他们只归咎于一方面的因素，我们就需要帮他们看到另外的因素。这会对他们大有裨益，会让他们在今后遇到问题时，无论什么情况，都能正确面对。

青少年

青少年也需要我们前面提到的四项原则。只有家长给予他们足够的关注，孩子们才能对未来充满信心。除了舒适的关爱、更多时间和家人共处、谈论他们的感受、思考事情发生的可能性，青少年们还需要同家长一起思考，如何才能创造一个更美好的未来，并做出一个长远的规划。父母可以以此给他们更多关注，帮助青少年应对自己的焦虑，并为以后的成长做好准备。

有特殊需要的孩子

通常，有特殊需要的孩子同样会感受到环境中的焦虑气氛，并且会变得非常害怕。这是因为对周围突然改变的可怕气氛，他们可能不知所措或者不能很好地理解别人的解释。

对于这些孩子来说，有父母陪在身旁为其提供安全感就显得尤为重要。当他们知道有成人在一旁呵护他们、提供精心照料，并且一起享受美好生活的时候，就会感受到安全。而且，这样的家庭生活会让他们释放内心的恐惧。孩子们会通过游戏去除自己的焦虑，比如让玩具娃娃从高处跌落或者使积木城堡轰然倒塌等。家长们可以通过简单的话语，诸如"东西倒下了。这有点可怕，对吗"，提供安慰和同情，从而宽慰不爱说话的孩子。然后，家长要展示给孩子，如何重新建好城堡。这样才会让他们感到很有安全感。

实际上，对所有的孩子特别是有特殊需要的孩子来说，他们接受的信息远比家长们认为的要多。有些时候，孩子们可理解的东西远比他们所能表达的多得多。而且，一些沟通

> 作为成年人，我们必须考虑孩子们将要面对的未来。我们必须参与到孩子们塑造未来的过程中，否则就会给他们传递出一种不确定和焦虑的信息。

困难的孩子之所以言语混乱或者支离破碎，是由于他们处理信息的方式存在问题。因为这个原因，导致了另一种可能，就是在面对困惑时，孩子们甚至比想象的还要害怕。

我们提到过的四项措施——同家人相处、通过游戏和对话帮助孩子表达情感、安慰、帮助他人——对于有特殊需要的孩子而言更为重要。因此，在对待有特殊需要以及存在发展问题的孩子时，我们需要考虑孩子思维的实际年龄水平。举个例子，对于一个思维水平只有三岁的六岁孩子，我们需要使用对三岁孩子使用的原则。

未来的愿景

不管我们如何安慰孩子，他们的安全感将在很大程度上取决于我们如何看待这个世界。作为家长，我们必须意识到，所有的孩子包括婴儿和学龄前儿童，都能感受到我们的焦虑。不管是在家里、教室以及社区聚会场所里，对于人们谈论的任何悲惨事情，他们都会感受到其中的紧张（即便是他们并没有听清楚全部内容或者间接听到）。大一些的孩子——从九岁到十几岁——会针对家长谈论的事件问很多难以回答的问题。

除非世界上每个孩子和家庭都有了一定的生活基础——充足的食物及住房保障，在稳定的家庭和社区中获得成长，接受教育尤其是能基于全球不同视角的个性化教育机会，否则破坏性的冲突仍将持续存在。作为未来计划的一部分，我们需要明确的是，除了满足这些基本需要以外，还要保证经济增长以及个体成长，这样才能让所有的人对未来充满期待。当然，这需要我们对世界各地的不同目标和文化诉求，持有更多的理解和包容。

如果我们真的想让孩子们在未来感到安全，我们就需要帮助其他人感到安全。做到这些不会很容易，因为这意味着我们要像关心自己的孩子一样，关心远在非洲的艾滋儿童。这种扩展同情的方式，对于我们所有人来说，都是一个新的成长里程碑。然而，在一个相互依存的世界里，我们的"后院"是没有界限的，甚至可以说几乎是全世界。对我的青少年朋友们，我希望，在我们所有人采取行动提高地区和国家的安全水平的同时，我们还需要有更多的前瞻性计划，从根源上解决恐怖主义、传染病和污染问题。这些威胁可能会一直伴随着我们，但是如果我们能够制定长期的国际计划，而不是被动的压制措施，这些问题的危害程度就会大大降低。

谈论这样长远的话题似乎和当下儿童急需的安全感有所偏离。然而，作为成年人，我们必须考虑孩子们将要面临的未来。我们必须参与到孩子们塑造未来的过程中，否则就会给他们传递一种不确定和焦虑的信息。不同的社会群体在生活的水平上存在着巨大的差异，由此产生了不少的暴力和不安。富裕的群体可能会遭到仇视和猜疑。为了减少这种愤怒，经济较富裕的群体需要更清楚地了解和应对他人的需求。毕竟，我们生活在同一个星球之上。我们不可能建起高墙独善其身，远离传染病、污染以及恐怖袭击，更不能寄希望于没有这些不好的东西。要知道，真正的安全只能来自于对相互依存的认识，来自于人力资本投入的诸多项目，来自于国际契约和组织的全面合作。

除非我们制定了明智的长期计划可以保障未来的安全，否则处于青少年期的孩子将不会满意——甚至连我们中的大多数也不会感到安全。我们需要做的不仅仅是应对这些眼前的忧虑，而且需要去付出努力——不管以何种方式，只要我们的能力和资源允许——采取教育的、政治的、经济的或者科学的方式，去努力减少已知的对后代的威胁。

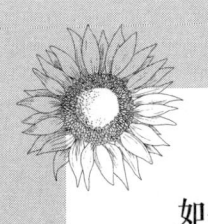

第二章
如何成就有安全感的孩子

所有的感情都是我们人性的一部分——不仅仅是爱和幸福，也包括自信、愤怒、失去、恐惧和羞辱等等。一个有安全感的孩子能够体验、表达并且理解人性的全部内容。

当我们在思考什么让孩子感到安全时，我们必须意识到，我们谈论的是在孩子的内心意识以及其家庭内发生的内容。孩子的安全感，是随着他的成长、发育以及个性的发展逐渐形成的。在很大程度上，他的内心状态受到与父母、兄弟姐妹或者他人之间现时关系的影响。如果一个家庭不能给孩子提供成长所需要的关爱和同理心，那么想要让孩子体会到安全，即便说并非不可能，也会是相当困难的。即使是在学校里很优秀、有很多朋友、看似很独立的孩子，如果感觉到不能依赖父母的话，内心也可能会有一种深深的不安。相反，一个虽然表现出缺乏安全感的孩子——比如半夜焦急地跑进父母的房间或者总是围着父母打转的孩子——可能会感到非常安全。因为他知道可以依赖父母，只要有需要，他们就会陪伴在他的身旁。并且只要需要，他也会自然地向他们倾诉，因为，他知道父母会对此做出回应。

与家人的关系

最近,在帮助一些家长教育两种类型截然不同的孩子时,我才领悟到家庭关系是多么重要。

四岁的泰迪,虽然还是上幼儿园的年纪,可是父母却允许他看了很多电视上的战争和暴力场面。这些场面经常会出现破坏性的后果,诸如坦克撞击建筑、飓风甚至枪战的镜头。通常情况下,所有的人物在虚拟的场景中都受到了严重的伤害。

当他独自玩耍时,他的脑海里总是浮现出类似的情景,同时,他的行为也常常表现出明显的焦虑。他的父母很想知道到底该怎么做,才能帮助他应对那种明显的不安。

泰迪的父母从来没有试过趴在地板上和儿子一起玩,以此帮助他在游戏中释放忧虑。当我给他们这样的建议时,他的父亲颇感意外。后来,我了解到,他的父亲有两个哥哥,小时候,他们经常在一起厮打玩闹。为了保护自己免受欺负,他参加了好几项体育运动。这导致他在孩童时代,很少

> 与家人的良好关系是孩子抵御外界伤害的盾牌,且能让儿童觉得随时随地都受到保护和照顾。

玩那些充满想象力的游戏。他还描述说他的父母总是非常忙碌,非常讲究实际。

但是,在我的鼓励下,这位父亲开始放下身段,学习趴在地板上参与泰迪的游戏。一开始,我并没有做多少指导。当泰迪玩撞毁飞机或汽车的游戏时,仅仅因为他父亲在一旁观看,他的游戏就发生了有趣的变化。泰迪会告诉他父亲怎么去做:"撞这辆汽车,还有那辆货车。"他父亲很是配合地服从命令。后来,在我的进一步鼓励下,除了扮演泰迪分配给他的角色之外,他的父亲偶尔还会用夸张的口吻说:"噢,我有一个很厉害的货车!我就要撞翻这些家伙了!"有时候,他的父亲还会进行评论,诸如:"哇,有那么多的人都被撞倒了哦!"

一刻钟后,情况变得更加有趣。和往常不一样的是,在游戏结尾时,泰迪不再让所有的东西都被撞倒或者一片混乱。相反,泰迪开始尝试寻找解决办法。比如,他会让救护车参与进来救治伤员。再后来,随着泰迪父亲陪他游戏次数的增多,泰迪慢慢地学会了让警察维护秩序,并且当坏人冲撞好人时,他能给予制止。过了一段时间后——不到三个星期——泰迪开始将游戏主题从纯粹的攻击性转换到了寻求解决办法上来。在家里,正如他父母所表述的那样,"旧日的温暖"也重新回到他们身边。泰迪的眼神里也充满了更多明亮的色彩。而且，他也能向父母寻求更多的抚触、拥抱和安慰。

在这个典型的案例中，可以说泰迪的安全感来自于家人的积极努力。由于有了家长的温暖呵护，并能相伴他左右，使他有了抵御电视暴力的能力。如果父母可以陪他一起玩，那么他就会表现出很多有安全感的孩子的特征（我们将在以后描述这些特征），并且在解决问题上更加灵活主动。如果父母不能陪他玩，他就会感到明显的不安，在独自玩游戏时，只会重复可怕的场面，缺少变化和解决办法。而当他和父亲的关系有了改善之后，很快就促成了所有的改变。

另一个孩子叫莎莉，一个八岁的小女孩。同她的接触，同样证明了家庭关系的重要性。当她回到家时，总是非常担心在华盛顿特区工作的父亲。她担心他受到"病菌"或者"坏人"的伤害。她会在厨房里焦急地走来走去，不停地诉说她的忧虑。其实，莎莉做事很有条理，也很细心，对于发生在身边的事情非常敏感。她很爱整洁，甚至每天晚上睡觉前都要把鞋子摆放整齐，以便于第二天早上可以很快地穿好。她品学兼优，总是准时完成作业。通常情况下，对于家长的要求和愿望往往都很顺从。她有不少亲密的朋友，而且她为人体贴、善解人意。她从来都让人感到很放心。诸多方面表明她是一个模范儿童,因为她在很多方面都做得非常好,父母感到很安心。

她的父亲有一份全职工作,母亲有一份兼职工作,但是母亲经常把额外的工作带回家里做。尽管如此,在这个繁忙的家里,看上去莎莉仍然感到舒适惬意。

但实际情况是,当莎莉因为担心父亲而忧心忡忡时,她的母亲却在忙着干带回家的工作。她总是让莎莉出去和伙伴玩(他们住得很近)。而对于莎莉的担忧,她总是说:"别再想它了,做你的功课去吧。"多数情况下,她的态度还算温柔。她会说:"你没看见我很忙吗?等爸爸回来我们再谈论这件事吧。我得完成我的工作。"

针对这种情况,我建议莎莉的母亲,当莎莉回到家时,抽出半小时或者一个小时好好陪陪她、同她谈谈心,让莎莉把自己的担心说出来,等丈夫回家后,她再接着干自己的工作。尽管有些不太情愿,但她还是同意去试一试。跟女儿一样,她也是个有条理,喜欢什么事情都有条不紊的人。她很想在做饭之前先把手头的工作干完。然而,在听了我的建议后,这位母亲还是同意试试,至少坚持三到四周,看看结果是否会有所不同。

现在，当莎莉回家后，她总是表现出一副"洗耳恭听"的样子。不仅对于莎莉的忧虑感同身受，并且她还去了解是否别的孩子也会对父亲如此担心。同时，她还学会了观察莎莉情绪上的细微变化，比如看她今天是否比昨天更为忧虑。有时候，她会试探地追问莎莉对于父亲暴露在"有害细菌"里的想法。这些做法让莎莉慢慢敞开了心扉，向她倾诉了更多让人吃惊的细节。原来，一年前，莎莉的祖父去世，至今她还对祖父生命中的最后时光记忆犹新。他是那样地虚弱，以至于莎莉离得很近，也很难听清楚祖父在说什么。一想到这个场景，莎莉就很害怕，并且她说她非常想念祖父。莎莉小的时候，祖父住得并不远，常常会过来陪她一起玩。

让她母亲更为吃惊的是，在听到莎莉谈到那些伤害他人的坏人时，她的那种近乎"疯狂"的想法。她想要把所有的坏人都关进监狱里，好让他们再也不能伤害他人。在说这些的时候，莎莉言语清楚、滔滔不绝，就像一个健谈的成年人。但她的母亲发现，如果自己能抽出一个小时左右的时间陪伴她，并且非常冷静地认真倾听，莎莉就会在跟她分享自己的想法之后，出去同朋友们一起玩耍。

不久，莎莉的母亲就高兴地发现，尽管莎莉每天放学后还在谈可怕的感觉，但是她的情绪已经有了不少改变。莎莉不再情绪激动地一遍又一遍地重复自己的害怕，反而看起来对她母亲——这个世界上她最爱的人——充当自己的听众很是享受。话语之间的轻松和愉快日渐增多，比如她会说："好吧，让我再告诉你多一点！"被倾听的快乐以及由此带来的安全感，帮助莎莉体验到了一些全新的情绪：宽慰、安全以及幸福，尽管她所谈论的还是些可怕的事情。通过交谈，莎莉的母亲发现，她流露出的同理心，让莎莉获得了很大的宽慰。后来，当莎莉从学校回到家后，只需要母亲半个小时的时间陪她聊天，然后她就会出去找朋友玩了。

　　上面这两个例子展示了孩子们具备安全感和缺乏安全感的不同表现。从中可以看到，安全感是一种状态和感受，它不仅反映在孩子内心，也显现在孩子同母亲、父亲以及兄弟姐妹或者更多的家人之间的关系上，这也包括了同老师以及其他对孩子来说重要的人之间的关系。对于接受日托的小孩来说，日托中心的员工也会影响他们的安全感。因此，我们需要去审视一下孩童时期的人际关系类型，看它们是否有助于孩子们安全感的形成。我们同样需要去审视一下，究竟哪些特征能显示出孩子是否具有安全感，诸如愿意分享情感，以及能够解决与其年龄相符的问题。

李诗岚 12岁

韧　性

在探讨有安全感的孩子的特征时，很重要的一点就是我们要了解"韧性"的概念。韧性和安全感有许多共同的地方。我的一些同行以及不少家长，都把韧性看作是面对压力时能够不屈不挠、经受住别人的非议并能及时复原的能力。的确，每个人都想尽快复原，不被压力征服，但这只是对于韧性的肤浅和不全面的理解。一个看上去很自信的孩子，在面对压力时没有表现出不安，而且似乎像一个领袖一样掌控局面，可是并不能说明他真的很自信。或者，一个在生活里承受了很多压力的孩子（比如出身贫穷或父母不合），仍然有可能取得学业上、事业上的成功，甚至在以后的家庭生活中游刃有余。但是，真正的韧性意味着更多的东西。

在这里我们所说的韧性，其真正的含义是一种能力。具备了这种能力，你可以充分抓住人生的机遇、应对人生的挑战而无须以牺牲我们人性的某些方面为代价。以同情心为例，一个能从逆境中奋起的孩子，如果不能同情和理解别人，那他的韧性就不是完整的。这样的孩子在长大成人之后，即便

> 安全感是一种很踏实的存在感或情绪，隐藏在儿童心中，及儿童与父母、兄妹和近亲的关系中。

有了配偶和孩子，也难以建立亲密关系。没有学会同情别人的孩子，将来必定要为他们以后的坎坷付出代价。也许在身处逆境时，他们会尽其所能地克服困难，这一点值得我们赞赏，但这并不是我们所探讨的真的韧性。

当有韧性的个体遭遇逆境时，他们总能坦然面对。也许他们并不果敢，但是他们可以忍受自己内心的煎熬以及人际关系中的各种情感——不论是害怕、焦虑以及悲伤，还是高兴、自信以及驾轻就熟。有时候，他们也可能会感到挫败或者难过、焦急和担心。但这是他们人生戏剧的一部分，而且他们会利用这些机会去更好地解决以后遇到的更多挑战。换句话说，他们并没有迷失在自己一时的悲伤、担忧或者焦虑之中，相反，他们利用这些经历去寻找解决之道。坚韧的人并不总是显得非常有能力或十分强壮。像大多数人一样，他们看起来也会有起伏，有时强壮、有时虚弱。然而，这些现象的下面却隐藏着真正的韧性，可以让一个人不断成长，并且能够化悲痛为力量，在未来变成一个全面发展、更有深度、更加宽容的人。

我们认为，有安全感的孩子成长于能够提供安全的家庭关系之中；与之类似，有韧性的孩子同样也成长于有韧性的

> 韧性的真正意思是指你可以充分抓住人生的机遇、应对人生的挑战而无须以牺牲我们人性的某些方面为代价。

人际关系之中。换句话说，韧性不仅仅是孩子自己的特征，而且也反映出了孩子的人际关系背景。举个例子。广为人知并且最完整的关于韧性的研究，是在夏威夷附近的一个岛屿上进行的儿童成长研究。这些孩子从小就与贫穷为伍，而且在早期就面临很多家庭问题。研究者发现有相当一部分孩子能够战胜逆境，并且在长大后同样做得很好。人们发现，这些儿童身上有一种隐藏的力量，能让他们超越困境。这种隐藏的力量并不是身体上的或者心智上的。相反，这种力量存在于一种同他人之间的融洽的关系中。这个人可能是一位亲戚或者是邻居甚至是住在同一小区的某个人。区分有韧性的孩子和缺乏韧性的孩子，有没有一种持续融洽的关系是一个重要的判断依据。这项研究显示，韧性并不是一种精神状态，而是孩子所能拥有的关系状态。在缺少融洽的人际关系中，孩子是不能心智健全地长大成人的。

与别的孩子相比，有些孩子需要与众不同的人际关系。有时候，他们可能会很幸运，能够获得所需要的人际关系。一个只在乎自己需求的孩子，在缺少支持的混乱家庭中，将会不知所措。而在那样的家庭中，会哭的孩子有奶吃；一个急于寻求安抚并且敢于嚷嚷的孩子，有可能会成为有韧性的孩子，因为他会得到更多有益的互动和关照。毕竟，在混乱的家庭里，这样的关照是很有限的。

另一项在墨西哥贫穷农村里的研究也发现，母亲们往往都会更加偏爱那些生理上需要较多照顾的婴儿（肌无力的婴儿或者不能很好吮吸的婴儿）。这种偏爱表现为给予更长的喂奶时间、更多的喂奶次数。很早就显现出身体羸弱的婴儿，往往会得到母亲更多的爱护和照料，因为母性有一种照顾弱者的自然本能。在墨西哥农村，这些孩子因为接受了更多的富有滋养的关照，因而在后来的成长中都发展较好。尽管他们曾经在身体的某些方面，比别的孩子可能更柔弱，但是他们——而不是和他们相比更有生理优势的同伴——在最后成为更有韧性的人。

因此，就像我们看待安全感一样，我们可以用同样的方式来看待韧性，也即它是孩子同其看护者之间人际互动的产物。我们要看这种关系会在多大程度上满足孩子独一无二的发展需要。正是这样的大背景，决定了一个孩子会有什么样的韧性。孩子的身体状况是一个因素，而能否满足孩子需要的人际关系，将会决定孩子的整体韧性。简单地关注贫穷以及孩子战胜贫穷的能力，或者关注破碎的家庭以及最终的结果，并不能揭示韧性的实质。对于孩子们在这些背景下所拥

> 当一个孩子满怀忧虑或者感到害怕时，一个充满理解的眼神就会帮助孩子感到很有安全感。

第二章
如何成就有安全感的孩子

有的人际关系的实质，我们还需要进一步的了解，才能做出准确的判断。因而，我们可以说，一个有韧性的孩子，是一个有安全感的孩子。

有安全感的孩子的特征

以下所列的内容，是判断一个孩子是否有安全感的一些主要特征和人际关系类型。不管孩子还是成人，没有人能具备全部这些特征，但是多数人都有其中的一些特征，或多或少而已。

依靠重要的人际关系获取慰藉的能力 ▶

这可能是有安全感的孩子最重要的特征。对于人际关系有足够的信赖，以至于他在面临压力时可以寻求依靠，从而得到放松并且找到解决办法。理解这一点似乎并不费劲。我们中的多数人都有家庭关系以及工作关系或者学校关系。而我们观察孩子们的人际关系时，却会发现另一种不同的类型。我们经常看到孩子们不开心时，会把自己关到房间里独处。有一些孩子会沉溺于幻想，对那些让他们担忧的事情，自言自语地重复个没完没了。还有一些孩子会用玩电脑或看电视的方式进行逃避。一些孩子甚至希望同别人发生冲突来寻求发泄。他们想寻求别人的关注，但是却选择通过争斗或者激怒父母的方式，来找到解决之道。如同我那位优秀的同事雷吉纳德·卢里埃所说："有些孩子，希望寻求关爱却总是惹人烦恼。"

婴儿在四个月大的时候，就已经会使用人际关系这种能力。比如，当父母每次经过身旁时，他会用笑脸来拉拢他们。八个月大的孩子，维持关系的能力更具戏剧化色彩，比如同父母交换微笑或者玩藏猫猫的游戏。三岁半的孩子，在听到可怕的雷声或者做了噩梦之后，会跑到妈妈的床上寻求安慰。八岁大的孩子，可以向妈妈或者爸爸抱怨学校以及可恶的老师，而不是把它藏在内心里。所有这些例子都说明，孩子们能运用人际关系，并从中获取慰藉的能力。

但是，人际关系的存在并不是仅仅为了缓解压力。它必须成为孩子们日常生活的一部分，借此孩子们可以同家人、朋友以及其他人分享欢乐和苦痛。懂得利用人际关系的孩子，大部分时间里喜欢和他们的父母、兄弟姐妹或者其他温暖的、关系融洽的、富有同情心的成人待在一起。这些孩子同样懂得辨别，哪些人容易亲近，哪些人不容易亲近。他们能避免同那些过于咄咄逼人的或者喜欢颐指气使的成年人打交道。即使一个很小的孩子也会察言观色，面对那些控制欲很强的人时，他们就会躲到妈妈的身后或者跑到另一个房间里。

能全面表达自己情感和需求的能力

当我们探讨一个孩子的沟通能力时，我们通常会考虑他如何使用字词，或如何使用假装游戏（pretend play）。但是我们每个人都不仅仅只有一种基本的沟通能力。这种能力，无须语言就能表达感受——看上去很愉快很开心，或者看上去很难过，准备反击或者酝酿发火等。所有这些情绪的表达都包含了不同的身体姿势、面部表情以及手脚的一举一动。

这些举动足以让别人去理解一个人的感受，同样也能让我们了解自己的情绪如何。当我们绷紧面孔，眼露怒火时，这些表情说明我们自己很生气；当我们心神愉悦，眼中放光，而且脸上挂满笑容时，那就说明我们的确感到幸福。

我们并不是在感到高兴之后，才露出笑容并呈现喜悦。实际上，这是一个更微妙的过程。有很多证据表明我们的情绪能帮助我们意识到自己的感受。换句话说，情绪表达既是身体上的又是心理上的过程。这并不是意味着当你感到难过时，强挤出一副笑脸，你就会感到开心。情绪在生理和心理方面是协同合作的，而肢体上的表达支持并加深了心理上的过程。同时，肢体在表达我们的感受上，方式千差万别，有点类似于个人的签名。

为什么这一点对于感到安全至关重要呢？我们中的很多人在进行交流时，手势远远快过语言。一个微笑、一点不悦或者疑惑的表情，往往转瞬即逝。在人际关系上，一个善解人意的伙伴（无论是配偶、好朋友或者父母）往往反应迅速，甚至不等你把话说完就已经心领神会。这样的人通常会用肢体语言做出回应。如果我们看起来很生气，那么好朋友就会看上去满含关切，并且显露出很关心我们的表情"告诉我怎么了"；如果我们很开心，好朋友就会满心欢喜，分享我们的快乐，甚至使之加倍。想象一下当你刚做成了某件事情（诸如想到了一个好点子，或者做成了其他值得高兴的壮举，或者你听到了宝宝说出的第一个字）而感到高兴时你有何感受，你的喜悦之情肯定溢于言表。如果你的伙伴一脸挑剔或者不悦地看着你，那肯定会让你大为扫兴，你内心的欢悦就会立刻烟消云散，仿佛你做错了什么事情一样。换句话说，人际关系中肢体表达的快速转变是沟通的第一先导，不仅要比语言快得多，而且在很多方面，远远比语言更为重要。

如果一个孩子不能通过举止表达感受，并且不能表示开心、悲伤、好奇、愤怒或者失望，我们就不能以确定的方式进行回应，也无法帮助这个孩子把事情说清楚。如果一个孩子看起来很生气，而我们给予他一个温柔而充满理解的眼神"出什么事了"，那我们就是在鼓励他告诉我们发生了什么事情。他可能会指给我们看坏了的玩具，或者会拉我们到他打不开的冰箱旁边。孩子们经常会这样做，甚至在他们还不到两岁的时候也会如此。即使一个八九岁大的孩子，在面对那些充满温暖、关爱的目光以及鼓励他们说明情况的话语时，也会积极予以回应的。

相反，那些不能通过面部表情、身体姿势或者其他肢体语言表达情绪的孩子，往往具有好斗的倾向。从学龄前一直到上小学，不少孩子往往不能表达出自己的愤怒，因而忍不住冲动。换句话说，这些孩子从开始生气到大发雷霆往往只是一眨眼的工夫。他们既没有露出愤怒的神情，也没有显现警告的姿态。相反，他们只会采取攻击性的行动。如果孩子会使用面部表情进行警告，并且看护者能对此做出回应，孩子就能很好地处理自己的情绪。假设孩子脸上露出的表情暗示他打算推开伙伴或者兄弟姐妹，那么对此心领神会的父母应该一脸严肃地看着他，或者像街边的警察一样伸出手，帮助孩子冷静下来。当一个孩子满怀忧虑或者感到害怕时，一个充满理解的眼神就会帮助孩子感到很有安全感。

有些好斗的孩子，常常在没有表现出任何迹象的情况下突然爆发。这些孩子的父母往往心不在焉，并且对于孩子的一举一动，往往缺少应对的技巧。但不是所有冲动的孩子的父母都是这样，各个家庭的情况不尽相同。但是当孩子缺少提前表现情绪的能力时，那些不能读懂孩子情绪表达的家长，或者自己也不太会表达情绪的家长，往往会加重孩子们冲动的倾向。

儿童在婴儿时期就可以通过面部表情和手势进行交流，并且在两岁时就能发展到很高的水平，即便是还不会说话。这种和我们的语言系统同时发展的方式，会从学龄期、青少年期一直持续到成年时期。相比我们的语言，这种系统交流起来更快——它是一种我们更愿意相信、更愿意依赖的工具。我喜欢用一个例子来说明这一点。当一个人走在城市黑暗的大街上时，另一个看上去目露凶光的陌生人走过来询问时间，你是选择跑开，还是停下来告诉他时间？

这个系统，也即我们用来交涉安全、处理危险、克服恐惧、表达接纳以及诸如此类的系统，对于我们的安全感，具有绝对必要的实质意义。正常的人应该具有表达自己感受，以及迅速地读懂他人的情绪并做出回应的能力。缺少了这种能力，就会在这个纷繁芜杂的世界里，感到非常的不安。要知道，大千世界太过匆匆，世事无常难以预料。

这种能力同样能帮助儿童处理和同龄人之间的关系，去理解和读懂其他孩子的感受。一个孩子到了学校，如果不能感知什么时候别的孩子想要同他玩，就会难以交到朋友。如果因为过于靠近他人（比如鼻子太过于凑近别人的脸）或者挤到了别人，当其他孩子要求其走开时，他坚持站着不走，就只会让别的孩子变得更加生气。那些所谓的缺少"社交"技能的孩子，实际上往往在识别肢体语言和做出回应方面存在问题。这样的孩子经常会感觉受到伤害、困惑并且不安。

举一个例子。有一个孩子，当他高兴时，就会跑过去拥抱别的孩子。他那时候八岁，还不能感知别人是否愿意被他拥抱，但他并不会采用其他的方式，比如采用和小朋友一起咯咯傻笑的方式，分享自己的开心和幸福。类似这样不会使用信号的孩子，在他感到别人的敌意时，往往会采用冲动的行为进行回应。这样的孩子除了采取直接的行动外，不知道如何用其他途径表达自己的开心。八九个月大的孩子就已经可以伸出手,微笑着拥抱别人。而这个孩子的发展,看起来似乎仍没有超越那个阶段。

似乎有两方面的原因,导致这个孩子出现了这种问题。一是他没有多少机会去玩。他的父母都忙于工作,他是被保姆带大的。回想起来,他的父母都觉得保姆有些自私并且心态消极。保姆仅仅保证孩子安全,并没有和孩子进行多少交流互动。而且保姆照顾他的时候,大概是在他十二个月到二十八个月大期间,而这段时期正是沟通能力发展的时期。二是父母晚上回到家里时也总是心事重重的,脑子里仍被工作的事情占得满满的。这个小男孩唯一能吸引家长注意的办法就是正面冲撞——猛跳进父母怀抱然后亲吻他们。在这个特别的家庭里,孩子没有机会学习察言观色这种敏感的情绪信号。

在那些存在认知障碍以及视觉—空间处理问题的孩子身上,我们经常也能发现这种类似的行为。这类孩子在读懂别人的面部表情上,并不像其他孩子那样容易。

在面临巨大的压力或者损失时,表达感受的能力就显得更为重要。它可以让孩子们传递出他们无法用语言表达出来的感受。很多孩子在感到困惑、迷茫、焦虑以及忧愁时,不知道该如何用语言表达，但是他们的家长却能够通过他们的眼神、面部表情以及身体姿态看出来。一个满心忧愁却口头上说"我很好"的孩子，很可能已经通过面部表情以及身体姿态传递出了真正的信息。而他自己很可能郁郁寡欢一阵子之后，才意识到自己的感受。

学龄前儿童仅仅在学习如何用口头表达，尚不能够形容较为复杂的感情，比如悲伤、忧愁或者焦虑。对于这些，他们还找不到合适的字眼加以描述。因此，在孩子们遇到压力和困惑时，肢体语言就成为理解和及时安慰孩子们的首要途径。

同样，小学生也经常表达不了较复杂的感情。即便是他们有能力表达情绪，他们也可能不会那样做，因为那样做确实有点"吓人"。不过，他们可以通过自己的面部表情和手势表达情绪，这就使得家长可以通过自己的肢体语言（看上去充满关切、同情或者让人感到温暖的肢体语言，如果需要，甚至可以设定界限）做出回应。如同前面提到过的，对一个孩子甚至成年人来说，再也没有比一个伙伴、看护人、亲密的朋友或者配偶通过自己的情绪反应，向其表达理解更加具有安慰作用了。当家长们读懂了孩子的表情之后，他们正确的眼神是帮助孩子感到安心的首要的并且最重要的因素。这也是我们为什么在这种情况下同孩子一道学习基本技能的原因。这些技能包括同孩子在地板上一起玩耍，以及在本书第三章里谈到的那些方法。因为我们知道，一味地说教或者死板的训练，比如轮流扮演角色或者使用礼貌的词语，是不可能教会这样的技能的。

必须强调的是，这种用表达和举动回应他人的能力，必须经过学习才能具备。所有的感情都是我们人性的一部分——不仅仅是爱和幸福，也包括自信、愤怒、损失、恐惧和羞辱等等。一个有安全感的孩子能够体验、表达并且理解人性的全部内容。

解决问题和进行创新的能力 ▶

在个体的早期，通常在两岁之前，我们就开始学习解决问题，去改变那些让我们感到不安的处境。后来，我们又学会了用言语解决问题，直到我们长大成人。八个月大的孩子已经会和父母玩游戏，伸手去要哗啦棒，并且会和你玩藏猫猫了。到了十四五个月时，孩子们会蹒跚着到处找你，会给你拿一个玩具或一本书，会指着他们想要的东西，并且会拉着你到他们想要的东西的地方。如果不具备这种能力，当孩子们想要什么东西时，就会感到无助，不是退缩，就是哭泣。

不难理解，如果一个孩子知道怎样获得自己想要的东西，那么对这个世界，他会很有安全感。幼儿园的孩子感到害怕时，会跑到你身边寻求一个大大的拥抱（不是简单抱一下，而是深情的拥抱），这会让他觉得更安全。不同的是，那些感到无助且心态消极的孩子，往往会感到生气、挑剔以及愤怒，而你不得不去猜测他为什么会这样。

同样，有些淘气的孩子，在遇到难题时会寻求你的帮助。另外一些孩子，到了这个年龄，可能会自己寻求解决办法，并不需要你介入他们的"游戏政治"当中去。

这种解决问题的愿望和态度，会在上学期间持续发展，一直到青春期。就拿高中毕业后准备上大学或者就业这件事来说，我们就能看到孩子们之间存在很大差别。有些孩子会靠自己申请到大学，拿到通知书后，才向父母、学校辅导员或者其他成人寻求指导。有些孩子则会感到不知所措，或者像鸵鸟一样干脆置之不理，等到最后期限快临近时才发现自己根本没有做好准备。

这种解决问题的愿望，会让孩子们感到一种安全感，因为他们会觉得自己可以应对这个世界，即便是有很多事情并不容易。如果遇到的情况比较棘手——比如危险的邻居、家人生病或者严重的灾害，那么解决问题的愿望则是至关重要的。在他们感到担心或者害怕时，孩子们需要我们的安慰。随着日渐长大，他们非常需要感受到自己参与解决问题的力量。不管是家庭的、工作场所的或者社会的，在遇到困难时，敢于直面问题的态度都是很重要的。

在随后的第三、四、五章里，我们会探讨如何在幼儿园、小学以及青少年时期培养这种态度。

这其中的关键，正如我们在前面已经谈到的，就是在这种持续的人际关系中，给孩子提供有益于成长的支持。比如多跟孩子互动、交流，并且通过这些交流，训练孩子养成果敢的品质。当宝宝爬向你，伸出手臂要你抱的时候，盯着他并举起手说："来，来，来！你爬到这边我就会抱你！"对于十四个月大的孩子来说，如果父母对他寻找玩具的事情装聋作哑，他就不得不拉着你到处找。在这个过程中，孩子的肌肉也会得到锻炼。对于学龄前儿童来说，如果他简单地说"我想出去"，而我们回答说"好"或者"不"，那就不会激励他养成果敢的品质。如果我们问他们"为什么"，并且在得到回答后说"这个主意真不错"的话，孩子们就会对自己更加自信并且认为自己可以想出好主意。对于上小学的孩子，无论是遇到数学上或英语上的难题，你都应该做出示范，教

高昊驰 9岁

他如何解决，接着就应该让他告诉你自己是如何想的，或者和孩子一起采用头脑风暴法，让他提出几种不同的可能，判断哪种可能结果最好，但绝不要替他做这些事情。换句话说，要通过挑战把孩子训练成为一个勇敢、自信的人。

要做到这一点，你必须致力于同孩子处好关系，抽出大量的时间同他们进行互动，但不要替他们做事情。对于十几岁的孩子来说，可能更需要一些技巧，因为他们一开始往往不会寻求我们的帮助。这个时候，你要让他们知道父母在他们的生活中占有一席之地，值得他们信赖，比如你可以采取开车载他们兜风的方式，和他们在路上聊天。不要什么事情都帮孩子做，诸如申请学校或者求职、咨询有关体育竞赛的计划等，都应该让孩子自己想办法。你可以帮他们做一些小的事情，比如帮孩子找一份暑期临时工作等。而对于更大的挑战，你要学会让孩子自己面对，比如像大学毕业找工作，就会让他对自己充满自信并且敢于尝试。

在面对巨大的压力时，当孩子感到害怕、焦虑、担心或者愤怒时，家长常常忍不住要去安慰孩子，而不是去提供一种富于同理心的、温暖的、无时不在的亲密关系，让孩子从中释放自己的压力。如同本章前面我们提到的那个小女孩的例子一样，当她担心父亲的安全时，母亲可以问她："你觉得

> 在面对巨大的压力时，当孩子感到害怕、焦虑、担心或者愤怒时，家长常常忍不住要去安慰孩子，而不是去提供一种富于同理心的、温暖的、无时不在的亲密关系，让孩子从中释放自己的压力。

有什么办法可以减少你的担心呢？"因为有了这种充满关怀的理解和探讨，这个小女孩就可以将母亲当成自己的朋友和帮助者，和她一起探索解决问题的各种可能性，比如"我可以打电话给爸爸。那会很管用的"或者"和你多谈谈我就会好很多，不需要再给爸爸打电话了"。对于自己的焦虑，这个小女孩已经可以找到解决途径了，而不再为焦虑所困扰。

说出想法，表达各种情绪的能力 ▶

传统上来看，想法是区分我们同其他非人灵长类（进化树上我们的近亲）的方法，而且也是我们区别于其他人的根本所在。但是人与人之间互不相同，一些人往往比别人更有主意。

说出想法的能力有助于孩子建立安全感。有了这种能力，孩子们就会表达自己的感情——惊吓、忧虑、生气、恐惧，并将自己的感受告诉别人。他们可以分析为什么自己会有那样的感受，并且能采用头脑风暴的方式寻找到较好的解决问题的途径。对于危险和损失，他们能寻找到更长久的解决办法。如果不会说出想法，那么解决问题的能力就会很差。因为孩子们的思考水平并不一致，所以，在改造自己的生活和周围的环境上，那些更善于运用概念的孩子就会更有安全感。

TIPS

有安全感的孩子应有的能力

☆ 依靠重要的人际关系获取慰藉的能力；

☆ 能全面表达自己情感和需求的能力；

☆ 解决问题和进行创新的能力；

☆ 运用概念表达忧虑等各种情绪的能力；

☆ 推理和思考的能力；

☆ 能够看到事件背后的多种原因并能理解问题和情感"灰色地带"的能力；

☆ 塑造个人内在标准并且培养自我认知的能力。

孩子们很早就学会了如何说出想法。从蹒跚学步的幼儿身上，我们就能看到他们开始学习使用语言的迹象。到了两岁时，大部分的孩子都能说出词语组合，并且会在假装游戏中拥抱玩偶或者开一个茶话会，而这是孩子们表达想法的另一种方式。对父母来讲，重要的是要区别出孩子说出想法是为了传递感受、表达需求还是仅仅为了标识事物。比如，许多孩子很早就显示出天赋，能够指认出图书上的沙发、椅子或者斑马。能这样做的确也很棒，但如果能表达出自己的感受或想要什么，就更能帮助孩子建立安全感。比如一个孩子会说"给我果汁"，那他就是说出想法去解决问题，并能得到基本的满足。他并不是仅仅标记出果汁的样子，而是已经学会了说出想法。

对于学龄前儿童，能够说出想法解释自己需要的孩子，会比哭闹或者压抑自己的孩子更有安全感。相反，肚子疼或者头痛却不愿表达担忧的孩子，会比较没有安全感。

到了学龄期，儿童说出想法的能力会在很多方面得到发展。他们可以和同龄人进行较为复杂的交流，也可以和父母一起商量事情。孩子们能够说出自己的想法，即便是他们情绪比较激动的时候，比如非常生气、伤心或者感觉受到排斥。如果在学校里过得不开心，孩子们会向父母倾诉他们的感受。相反，有些孩子在学校受了委屈，回到家后就一头扎进自己的房间里，关起房门看电视，或者干脆拿弟弟妹妹出气。

显而易见，到了青春期和成年期，说出自己的想法的能力将更为重要。一些成人的思维能力很强，擅长协商或者表达自己的需求和感受，即便是当他们的感情很强烈的时候。

有些人则过于冲动，或者行为乖张或者陷入自我封闭之中，甚至畏葸不前。还有一些人可能会无缘无故地乱发脾气。思维能力是人们能够解决问题的关键，也是让人具有安全感的基本因素。

在不安全的世界里，要想帮助儿童获得安全感，成人们需要提供各种机会，锻炼他们说出想法去表达各种感情的能力。当他们受到惊吓时，我们需要用到许多字词来形容孩子们的情绪，诸如恐惧、焦虑、战栗以及担心。儿童们常会担心很多事情。他们可能会担心失去父母，害怕自己一个人在世上的孤独，或者担心受到伤害等。他们还可能担心自己失控（比如"我的脑子不好使了，就像胡乱涂抹的画作一样"），或者丧失原本就很脆弱的自我认同感，消极失落（"我会幻化成烟，随风飘散"）。如果能够怀着同理心并且耐心地倾听他们的心声，就可以帮助儿童表达出让他们害怕的情绪。

当家庭遇到压力时，父母和老师需要比过去更多地让儿童说出想法，去描述他们的感受。但是，你不可以突然就让一个孩子谈论他害怕的事情。你必须已经赢得孩子的信赖，并且和他关系融洽，在肢体语言和情绪上双方常常能够心心相印。

推理和思考的能力 ▶

通常而言，一个孩子如果可以将高水平的推理和思考能力，应用到他的情感世界和社交世界里的话，那么他的安全感就要高于不会这样做的孩子。举例来说，在三到五岁时，当孩子们学习在他们的想法之间建立联系时（比如，回答"为什么"之类的问题），有的家长可能会问："为什么你看起来这样担心？"孩子可能回答："因为我担心爸爸会受伤。"已经学会联系思维的四岁孩子，可能会给出此类回答。然而有些四岁孩子，仍只是会谈论门外的蓝色汽车或者红色的玩具。

在儿童应对情绪和社交方面的挑战时，这种推理和思考的能力是很复杂的。有些儿童，比如在遇到一些可怕的事情时，会选择逃避、遁入幻想。他们不是选择直面真实，相反会立即进入假装游戏中，通过更神奇的想象来控制他们的世界。即便如此，孩子们也会由此获得一些零星的思考，比如黑熊攻击无助的斑马，或者卡车冲进了举行茶宴的人群中等。当儿童们无法接受现实时，人们很容易就能感觉出来，因为他们会更容易躲进幻想的世界中去。

在谈话或者假装游戏中，有些孩子逻辑非常清楚并且懂得实事求是。这样的孩子会更有安全感，更懂得如何应对压力和解决问题。当这样的孩子为某件事忧虑时，他可以用行

> 有安全感的孩子，将有能力经历、表达和领悟人类各方面的性情和人生真相。

动表现出来或说出来，并且不管用哪种方式，都有更好的机会想出解决之道。换句话说，如果游戏和探讨都是基于逻辑和事实，他们就能够找到解决办法。如果一个孩子只是简单地逃避现实，并不会让人太过担忧。真正让人担忧的是，一个孩子总是在逃避现实。如果每一次的困难都会让他更加封闭自我，退入自己的虚幻世界之中，或者让他变得顾虑重重的话（比如只在乎自己晚餐能否得到蛋糕），那么这就是一种征兆，说明这个孩子还不具有安全感所需的思考能力。要知道，在面对现实时，能够抑制自己冲动的能力，是衡量一个儿童是否具有安全感的重要特征。

推理的能力在三到五岁时就出现了，到了学龄期，孩子们的这种能力会变得更强。并且，在他们到了青春期时，推理的能力会获得充分的发展，尽管可能有一些预料之中的起伏。我们可以想象一下，一个充满忧虑的四岁孩子可能会躲进幻想中，并且只关注自己的身体需求（比如怎样得到下一个冰淇淋），甚至变得容易冲动。但是一旦我们帮助他，把令他困扰的事情简单明了地解释给他听，他就会重新回到现实。举例而言，如果学龄前的孩子看到别人受伤而感到害怕，或者为自己的一个朋友或父亲要去乘坐飞机而感到担心,导致他在玩耍时心不在焉或者言语冲动,我们的理解和支持就会对他大有帮助。我们可以说,"我知道这有些让人担心",然后,陪着他并尽可能地将他的注意力转移到游戏上来。或者我们可以通过简单的对话告诉他,我们能够理解他的感受。如果有时候他因为害怕而摔东西,并且那样做会让他感到好受的话,我们也要表示理解。这样做,一般都能够帮助孩子转移话题。或者,我们也可以通过玩假装游戏,扮演医生照顾生病的玩具宝宝,让孩子更多地宣泄自己的烦恼。

在处于学龄期的儿童身上,我们同样可以看到很强的逻辑和推理能力。如果一个孩子说他不想谈论学校,或者听到空难消息感到害怕并且不愿意谈论,那么他通常会找出一个理由。他可能会说:"那些事情我们谈的足够多了,我现在只想谈谈棒球。"或者他可能简单地表示:"这并不能让我心烦,只能让你心烦。"尽管这个孩子并没有直接处理眼前的问题,但还是很有逻辑地显现出推理的能力。有时候,孩子们会躲入自己幻想的世界里,并且只关心自身当时的需求(比如想要更多的圣诞礼物)。这种应对焦虑的方式实际上是在逃避眼前的困难。在这样做的时候,他们比学龄前儿童更会转移话题,比如他们经常会这样说:"我们来玩一会儿吧,谈的够多了。"但是,一旦孩子过于着急地回避事实,并且不能

> 安全感能使儿童有能力解决困境，能够看到事件背后的多种原因，并不固守单一的原因，或以为这个因素与个人有关。

很快平复情绪，重新面对现实的话，那就说明孩子的推理能力发展得还不够，还不能让他们感到安全。如果这种问题持续下去，那就有必要给孩子寻找专业的心理咨询师进行帮助。

当然，儿童在认识现实的程度上各不相同。即便是上了学的孩子，父母认为可以和他们交谈的很多话题，他们可能也会感觉不到它的真实性。在谈论有关疾病、祖父母离世、恐惧、学业不佳、竞争和成功甚至是欢乐、开心以及骄傲的话题上，他们的能力也存在着很大的差异。对于以上这些情感话题，每一个孩子多少都能谈论一些。但重要的是作为家长，在孩子谈论自己的情感时，要关注其方向是否正确。

在很大程度上，这取决于父母如何对待孩子。如果谈论问题时，父母总想主导一切，孩子自然会尽可能地选择逃避。如果父母能在孩子需要时陪伴左右，并且满怀兴趣地看待孩子的兴趣爱好（假装游戏也好，掷球游戏也罢），都会对孩子大有裨益。此外，如果父母能定期地抽出时间同孩子聊聊天，效果会更好。如果孩子不大愿意谈论，父母要尊重孩子的感受。这样久而久之，孩子们在谈到这些话题时就会越来越实事求是，越来越富有逻辑。

对于青春期的孩子来说，他们的推理能力有了更大的进步。但是，这个时期，至关重要的问题是处理好孩子的"隐私"。在谈论特别的话题时，孩子们和同龄人、老师或者父母之间的差别往往很大。父母仍然需要站在青少年的立场上看问题，这样才能同孩子们畅聊下去，才能让孩子在不知不觉中自发地谈论他们对生活以及对不同事物的看法。只有在这种氛围下，家长和孩子才能提出很多双方都感兴趣的话题。对于他们不愿意谈的事情，青少年往往会直言不讳地进行表达。他们会很有逻辑地给出很多种理由，说什么父母不能理解他们复杂的思想，因而也就不愿意费力多说什么。对此，父母还应该保持耐心，对孩子的这种符合逻辑的主张尽力表露出欣赏的态度。与此同时，留意观察孩子的状态，看看过些日子后孩子是否会敞开心扉，对于一些敏感的话题至少能客观地谈论自己的看法。

能看到事件背后的多种原因并能理解"灰色地带"的能力

在学龄早期，五岁到八岁之间的儿童，已经可以认识到事情不只有一种可能。"克里斯不愿意和我玩。是因为他不喜欢我还是因为他想玩足球而我喜欢玩电脑游戏？"对于为什么别的孩子对他不够友好，一个能够想到两三种可能性的孩子，比起那些只认为自己不讨人喜欢的孩子（"没有人喜欢我！"）来说，在生活上可能会更为轻松。当孩子的行为表现得好像他受了别人的污蔑之时，这种刻板的观点更有可能会成为事实。对一个孩子来说，他可能想到别人行为的多种原因，但并不能像成年人那样明白其中的缘由。不过，这种可以看到明显之外的因素的能力，至少可以让孩子能够想到更好的应对办法。如果别的孩子不想和他一起玩，他会想："嗯，可能是因为克里斯喜欢玩足球，而我喜欢玩电脑游戏。要是我和父亲练练足球，就可以在休息时出去和他一起玩啦。"

我们知道很多成年人在每天的生活中，都会采用这种策略。而那些懂得运用灵活策略的孩子，会发现很多种达成目标的途径，正所谓"条条道路通罗马"。这给了他们很大的安全感，并让他们知道在未来可以如法炮制。当面对因外在事件导致的恐惧时，懂得用多种角度观察世界的孩子，更有可能想明白为什么会有暴力或冲突。举例而言，他可能明白恐怖袭击针对的是政府或者媒体，因此此类事件不大可能发生在自己爱荷华州德梅因市的家里。相反，一个看不出事件背后多种因素的孩子，可能容易相信枪手因为被解雇而心生怨恨，而且可能对别人也会开枪行凶。缺少这种能力，孩子往往会把每一次的危险事件都看成是自己可能遭受的,从而更加心怀恐惧。

对于很多事件,尤其是会让人情绪上受到影响的事件,如果孩子具备看到事件背后多种原因的能力,那么他就不会被遇到的事情所震慑。如果他想加入别人的游戏而遭到拒绝,他会去寻找其他的方法和别的孩子一起玩。

相反,不具备这种能力的孩子,在遇到复杂的事情时,往往会感到无所适从,会觉得很没有安全感。这种不安,甚至会影响到看起来很勇敢、对什么事似乎都满不在乎的孩子。思虑周到、感觉敏锐的孩子可能会看出问题的关键所在,并能找到很多办法应对。行事莽撞而又自负的孩子看上去似乎很安心,可是一旦遇到更复杂的事情时,就会显得很没有安全感。

我们并不只是在学龄孩子身上看到这些,在青少年中,这一点更为明显。能够多角度地看问题,并找到解决之道的孩子,更能懂得如何在青春期处理复杂的朋友关系。如果他们遇到心爱的人,他们会更有把握地处理,因为这种关系需要他们更多地理解别人的想法。"如果对方不想约会,那么是因为她不喜欢我呢,还是因为她有意欲擒故纵?也许都不是，而是因为她还不够了解我？"对于青少年来说，具备这样的思考能力是非常重要的。

因此，安全感存在于一个人日益增长的解决难题的能力之中。要做到这些，需要认识到事情的原因往往有很多种，而不是单一的，并且绝不是都是针对个人的。在一种充满滋养的亲子关系中，父母可以帮助孩子说出心中的疑惑，让孩子明白之所以产生一些痛苦的经历，是否可能存在别的原因。如果孩子不能想到别的原因，父母可以给出一些可能性的提示，同时观察孩子会倾向于哪一种。如果孩子感到非常压抑而且恐惧时，需要父母提供更稳定而且更亲密的家庭氛围。有时候，孩子可能会非常担心家人——遭遇危险或者不幸。要解决这类问题就需要父母帮助孩子学会从多种角度看待问题。

关于思考中的"灰色地带"，如同探寻问题的多种原因一样，也是儿童在七到十岁之间开始学习的东西。孩子们要通过人际关系的交往，学习明白各种情绪。举例而言，当一个孩子看到别的孩子对自己发火时，他会试着去弄明白那个孩子到底有多生气——非常生气还是有一点生气。他还会想弄清楚自己在对方心目中的地位究竟如何。如果自己并不是对方最要好的朋友，那也并不意味着自己根本就不被人喜欢，因为那仅仅意味着对方有自己的看法而已。当他们审视自己内心的害怕和焦虑时，就会发现并不是每一种害怕都难以克服，也并不是每一种恐惧都为害甚巨。

孩子们不仅要理解"灰色地带"，还要理解生活中的相对性。同时，他们也会明白自己并不是世界的中心，其他人也有情绪，并且也会有负面的情绪。如果他们对别人发脾气，别人也可能回过来冲他们发脾气。这样，孩子们就可以设身处地地为别人着想："遇到这种情况，要是我会怎么样？"这种能力在小学时期发展得并不完全，它的发展会一直持续到青春期。当孩子最终长大并思考周围世界的危险时，不仅会考虑这些危险发生的多种原因，或者对于不同的团体（大众、军队、政客或者别国的人）这种危险有多么不同，而且还会想到对自己的家人以及其他人来说，这种危险的程度分别有多严重。

如同明白问题存在多种原因一样，明白思考中存在"灰色地带"的能力，可以让孩子在日益复杂的世界里产生安全感。换句话说，世事不断挑战我们，而我们必须奋起应对。有不少事情儿童和青少年难以理解，但也有很多事情他们了然在胸。学龄期的儿童和青春期的孩子，需要尽可能早地学习这些推理和思考方面的技能，以便于他们应对周围世界的烦恼，而不是被这些烦恼所压倒。

塑造个人内在标准并且培养自我认知的能力

如我们将在第四章看到的，学龄期的孩子正在学习如何塑造内在标准，这种标准关乎他们对自身以及个体信念的认知。孩子们可以借此标准去评判别人的看法。例如，一个十二岁的孩子可能会自认为"我是一个很好的人。我对弟弟妹妹都很好。我知道我自己很不错，尽管学校里有些孩子认为我很差劲"。日益增长的自我认知（作为人我们是谁。譬如，我们是友善的还是刻薄的，是聪明的还是愚笨的），会让孩子们用自己的标准去衡量每日经历的事情。

年幼的孩子（七到八岁）更有可能在考试成绩不好时，会觉得"我很蠢"，或者在遭到别人拒绝时，可能会想"我不讨人喜欢"。但是，一旦内在的标准得以建立，就会给孩子很大的影响。如果是积极的，它就会给孩子提供安慰；如果是消极的，孩子就会觉得自己"不够可爱"、"不讨人喜欢"甚至"简直笨死了"。即便是有其他的事情完全可以推翻这些认识，孩子也会时常对自己感到怀疑。他可能会认为"我这次考得好只不过是运气罢了"，而不会重新考虑自己认为自己很笨的想法。如果有人喜欢他，他会想："嗯，要是他们知道我有多笨的话，他们可能就不会再喜欢我了。不管怎样，随他们的便。总之没有人喜欢我。"由此可以看出，孩子的内在标准对于他们是否有安全感，影响深远。

等到了青春期开始的时候，这种内在的标准将更为重要，因为青春期带来的改变是非常巨大的。这些变化包括：身体上出现第二性征、内在动机和愿望随荷尔蒙的变化而变化、思考能力更加成熟、人际关系更为广泛、日益觉得自己属于世界和社区中的一员以及渴望拥有更亲近的关系、对异性产生冲动等。所有这些改变都要求孩子具备一定的能力，以塑造属于自己的内在标准。与此同时，孩子们面临的各种新的风险——毒品、酒精、不安全的性行为——也让塑造内在标准显得尤为重要。

从很多方面来看，一个人内在的标准，是关乎安全感的本质要素。缺少内在的标准，一个人的安全感会非常短暂并且飘忽不定，还会受到人际关系的变化和外围事物的影响。如果请求遭到了朋友拒绝、喜欢的人忽然变得冷淡，或者找工作面试没有通过，都会让青春期的孩子在一段时期内感到万念俱灰。尽管内在标准并非绝对的，但是不管程度如何却一定要有，否则我们就会看到孩子们会有很多不安的迹象，诸如极端的行为、盲目跟风以及其他冒险的行为。缺少了内

> 成人必须与青少年站在同一阵线上,也就是说,要很自然地同他们谈论生活与对各种事情的感受。

在的标准,孩子们就不能够对未来做出计划并为之努力。

从青春期早期到中期、晚期一直到成年早期以及中年时期,每一个时期的间隔都会有不同的挑战。我们身边的世界日益变得纷繁芜杂。十五六岁的孩子很可能喜欢约会,二十八或三十岁的成人则会对结婚生子产生兴趣。对于孩子们来说,这些事情的复杂程度各有不同。但是,这都需要有内在的标准,才能让孩子觉得有安全感,并且敢于应对眼前新的挑战。

安全感和同理心

对孩子来说,可能最重要的一点就是,拥有内在标准和自我认知能够让孩子更富有同理心,并且更好地理解他人。有了这样的能力,年幼的孩子才会设身处地地为他人着想。尽管这样做对孩子来说可能有些陌生,但他会慢慢学会顾及别人的感受。拥有这种能力的孩子,可以同时设想到两种不同的体验。他们不但可以考虑自己的感受,也能考虑别人的感受。通过进行对比，孩子们会学会如何做出选择。

我们来看一个具体的例子。

一群酒酣耳热的青少年，正兴奋地谈论着还要去什么地方接着派对。只有十七岁的查理坐在那里，思索着要不要和他们一起继续胡闹。他能感觉得出，要是和他们一起再继续喝下去的话，烂醉如泥的他们一定找不到回家的路。他很理解大伙现在的感觉，也能明白他们现在的兴奋之情。他同样很想和他们玩个痛快，但又不想喝到烂醉如泥。但是他没有开车，也没有别人的车可以搭，因此陷入两难的境地。

在这种情况下，查理必须寻求另一种内在标准，也即在他早年的人际交往中建立起来的自我安全感。在他成长的过程中，查理经常依靠这种安全感去解决问题并做出决定。他有一套他自己的内在标准：他不会违反交通规则；打棒球时他也不会跑到投球手前头接球；面对比自己强壮的同学，即使自己非常生气，他也不会主动攻击。这些经验的积累现在成了他对自己认知的一部分，他可以借此好好考虑一下再做出选择。如果他觉得自己足够强壮并且足够安全，他就可能阻止他的朋友们开车到别的地方继续酗酒。尽管他们可能会表示抗议并且不会感激，但至少他可以告诉自己保证了大家的安全。并且，如他自己所说的那样："他们欠我一个人情。"

> 如果我们能够仔细倾听孩子的心声，并且尽可能地将之与我们自己成长的经历相对照，相互分享自己的体会，和孩子一道寻找解决问题的办法，对孩子的成长来说会大有益处。

成熟的同理心建立在个人的内在标准之上。换句话说，设身处地地为别人考虑、体会别人的感受并且和自己的感受做比较，然后寻找到可行的解决办法，是具有安全感的青少年和成人最重要的品质。应付社交、学校以及工作上的诸多问题，都需要具备这种能力。当一个人有了自己的家庭之后，尤其是在和配偶及孩子的关系中，这种能力会更加重要。

在面对外在世界的巨大压力时，内在的标准也是至关重要的。这种能力不仅仅可以让青少年和成年人更加实事求是地考虑自己可能遇到的冒险，也能让他们通过对话、讨论以及交换看法，减少引发冲突和不安的因素。要做到这些，一个人必须明白，要解决群体之间的问题，除了依靠军队和警察采取行动之外，还应该着眼于采取更长久的解决之道。当然，做到这一点，需要对介入冲突的各方都抱有一种理解和同情的心态。规划一种更加安全、可持续的未来，需要我们对这个世界有更深入的理解，而不能再像过去那样教育孩子。我们需要理解不同的文化形态、不同的信仰体系、不同的历史观点以及对事件的不同解读。只有具备了稳定的自我认知、有能力思考"灰色地带"问题，并且知道多角度看待问题的青年人，才能拥有这种极大的同理心。

那么我们该如何促进儿童和青年人的同理心呢？尤其是在他们遭遇挫折时，如何去促进他们运用同理心思考问题呢？我们在前面讨论过一些基础因素，在这里那些因素同样重要，没有什么东西可以替代。青少年和幼儿一样，需要和成年人建立关系，并且通过交流以及被人理解，才能促进他们产生相应的同理心。换句话说，帮助青少年培养同理心，最好的办法就是给他们提供机会，去获得他人的理解和将心比心的对待。

父母可以多花一些时间和孩子们相处，一起探讨问题的解决之道。在车里聊天，参加家庭聚会，或者一起散步以及做些双方都感兴趣的事情。无论是去听演奏会，还是去看体育竞赛，或者参观动漫游戏展览（有许多事孩子们会拉着我们一起去，尤其是需要付钱的事），这些事情都会给我们创造很多与孩子沟通的机会，能让他们身心愉悦地与我们在一起，分享他们自己的一些想法。当他们那样做时，我们就有机会倾听和理解他们，而不是冲他们发号施令（"你不应该那样做""你绝对不能那样做""照我说的做"）。

如果我们能够仔细倾听孩子的心声，并且尽可能地将之与我们自己成长的经历相对照，相互分享自己的体会，和孩子一道寻找解决问题的办法，对孩子的成长来说会大有益处。尤其是当孩子们身处逆境，容易做出不理智的行为时，我们这样做就很有可能收到非常好的效果。当然了，对青少年怀有同理心，并不意味着无条件地顺从他们的要求或同意他们的观点，或者放弃我们进行指导和设定规则的角色。事实上，同理心能让父母们更加成功地扮演这些角色，而不是相反。

在接下来的几章里，我们将探讨如何从儿童早期就开始培养孩子们的安全感。包括教会他们一些基本能力，进而引导他们建立对安全的内在感知，并由此而形成普遍的、成熟的同理心。孩子们长大以后都会成为塑造这个世界的人，而他们塑造世界的能力，取决于我们如何培养他们的同理心。他们需要有一种安全感，明白他们是谁，知道如何评价别人的经历，并找到双方的共同立场，从而解决可能的冲突。

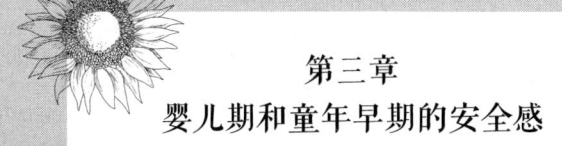

第三章
婴儿期和童年早期的安全感

帮助婴儿、刚学会走路的幼儿及学龄前儿童更有安全感的方法：利用零散时间与孩子共处（我称之为"地板时间"）；共同寻找办法解决问题；设定温和而坚定的界限。

没有内在标准，安全感就会随着环境的变化和人际关系的变化而瞬息万变。

在这一章里，我们首要探讨的是，一个具有安全感的孩子的人格特质如何在婴儿期和学龄前获得发展。接下来，我们将研究婴儿期和学龄前儿童最常见的压力和不安的表现，同时探讨如何帮助孩子重新获得自信。

安全感的六大心理基础

安全感的一些基本情感基础，建立于儿童早期，在学龄期和青春期会获得修正和巩固。如果这些基础建立得不够牢固，儿童可能在发展早期以及以后产生各种问题。一旦这些基础得以稳定，孩子们未来的情感发展就会有据可依，他们的内在安全感也会得以建立。

> 一旦婴儿懂得专注于自己的世界并能保持平静，他们就建立起了安全感的第一层基础。

学会平静并能关注周围的世界 ▶

婴儿首先应学会平静和自制，这样才能关注周围的人、事、物、声音、味道以及变动。等到三四个月大时，婴儿应该能够很有自制地专注于他们摸到的、看到的以及听到的事物上。有些婴儿一看见或听见什么东西，会自然地发出笑声或高兴的咯咯声。另一些婴儿，并且为数众多，在这样做时会有很多困难。很多婴儿不喜欢被触摸，除非是按照某些既定的方式。有些声音会让他们感到心烦意乱，明亮的光线甚至会让他们啼哭不止。婴儿也很容易心烦意乱，像疝气疼痛、过分挑剔、急躁易怒都容易让他们心情不佳。等他们长大一点，可能会为鞋子不合脚或者你给他们画的人像鼻子没在正确的位置而大发脾气。在学校里，他们可能无法专心听讲，因为他们很容易被教室里的其他东西和声音分散注意力。

一旦婴儿懂得专注于自己的世界并能保持平静，他们就建立起了安全感的第一层基础。诸如观看和倾听之类的简单行为、明白父母所说的话语，或者弄清楚兄弟姐妹跑到哪里去玩（而不是不知所措），都有助于婴儿理解这个世界。一个有意义的世界，是一个让孩子感到安全的世界。

相应地，如果这种首要的能力没有发展好，那么在婴儿看来，这个世界就会让人迷惑不解、不可预料、混乱不堪、单调乏味、平淡无趣。婴儿要么会变得退缩不前，要么会不切实际地沉溺于自己的想象之中。他可能会对任何事都提不起兴趣，或者很不专心，看上去心事重重、无所事事。对他来说，可能很难养成一贯的睡眠和饮食习惯，并最终导致无法安心学习。

安全感的六大心理基础

☆ 平静并能关注周围的世界；
☆ 感觉温暖并愿意亲近他人；
☆ 无须言语的交流；
☆ 懂得与他人沟通进而获得想要的东西；
☆ 说出想法，表达情绪；
☆ 以合乎逻辑的方式联结各种想法的能力。

感觉温暖并愿意亲近他人

学会平静可以培养婴儿的注意力。婴儿如果要想变得温和、相信他人，并且亲近照顾他的人，就必须懂得平静。四到六个月大时，婴儿就开始研究父母的表情。当他们逗弄她时，她会以自己特有的方式进行回应，比如温柔的呢喃和微笑，来和父母一起学习爱的真谛。如果是一个七岁的孩子，当他坐在桌前独自用功时，看到老师走过来，他会微笑着同老师打招呼，并自豪地让老师看自己的功课。如果是一个十二岁的孩子，他会在下课时和朋友们一起玩笑聊天，偶尔与朋友勾肩搭背，或开玩笑地追逐打闹。

如果幼儿不能形成一对一的亲密关系或群体关系，那么在向下一个阶段发展之前，他会遭遇到一些非常基础的挑战。这是因为个体大部分的学习，来自早期人际关系的体验。当婴儿懂得微笑回应时，就已经开始学习逻辑思考了。实际上，对挫折的忍受能力，也能反映出孩子是否能心平气和地对待事物，比如时间的问题。就其本质而言，这是一个关乎婴儿情绪的概念，因为它和需求的满足有关：一种是马上能得到想要的东西，一种是需要等待之后才能得到满足。早期对时间产生的情绪感知，对于婴儿掌握抽象的时间观念和以后培养耐心来说，是非常必要的。

婴儿最开始是通过与父母的交往进行学习的。当婴儿感觉受到良好照顾，并且可以依赖父母或看护者的安慰与关怀时，就迈出了学习的第一步。与父母的关系可以让他们在情

与父母的关系可以让他们在情感上有所维系，不管遇到什么问题，都不会有孤独无助的感觉。

感上有所维系，不管遇到什么问题，都不会有孤独无助的感觉。当你感到难过、忧虑或害怕时，如果要寻求他人的帮助，需要你对他人相当信赖，与人分享快乐则不必如此。

当父母都出外工作，家人的陪伴越来越少时，孩子建立亲密关系所需的东西——时间、同理心、自在放松的亲昵——就很可能轻易失去。因此，为了满足孩子们对亲密关系的需要，父母有必要重新考虑自己许下的种种承诺。

当一个孩子与家人形成了温馨、融洽的关系时，他不但可以在遭遇压力、挑战、冲突时依赖它，还可以借此葆有一种长久的安全感。这是因为孩子已经将这些亲密关系内化为自己的一部分。婴儿感觉自己很好、很重要、很有价值并且值得父母照顾，都来自这种体验。没有和别人建立亲密关系、不相信他人的孩子，通常在内心深处都有很深的不安。因此，人际关系是能让孩子产生安全感的基础。相反，如果孩子的人际关系不能持续或者过于狭隘，他们就无法建立安全感。

无须言语的交流 ▶

安全感的第三个基础建立在前两个基础之上，也就是说孩子必须学会专注并与他人建立关系，才能更好地与人交流。六到十八个月大的婴儿已经学会用非语言的方式与人沟通，比如微笑、皱眉、伸手指、扭动身体、发出咯咯声以及哭泣。通过这些方式，婴幼儿能够表现自己，采取主动的行为，并发现自己的举动获得预期的回应。孩子发出声音，父母也发出声音进行回应。孩子伸手拿父母手中的哗啦棒，而父母则微笑着往后面移动。这些有目的的双向沟通，让孩子开始感觉到他有能力做某些事，并且也帮助孩子建立起了对现实的认知。当孩子为别人做出某个动作，而对方也给予回应时，他开始感知事情如何开始及怎样结束。伸手拿哗啦棒的是孩子，递出哗啦棒的是父母；发出声响的是孩子，回应声响的是父母。孩子借此感知除了自己以外，还有其他外物的存在。与此同时，孩子开始对外部世界产生感情并做出反应。这些将帮助孩子学会理解别人发出的信号，并表达自己的感受，哪怕是无言的沟通。

对于具有安全感的孩子来说，"双向沟通"是他们诸多人格特质的构成要素。缺乏这种能力，儿童将很难形成正确的自我认知。举例来说，如果孩子发出声响，却没有人给予回应，或伸出手去够东西，却没有人递给他，那么他将会感到不知所措。因为孩子发出的信息得不到回应，将使他们不确定自己到底该怎么做。孩子们对自己的感知，以及对外部世界富于逻辑性的感知也会大打折扣。如果他们不断尝试，却始终得不到回应，那么他们就可能放弃，并且变得无助甚至消极。

懂得与他人沟通进而获得想要的东西 ▶

　　能够成功地对周围的人施加影响，是儿童内在安全感的重要部分。十八个月大的婴儿，已经懂得识别非语言信息，并且会使用它们以得到想要的东西。例如，当爸妈下班回家后，他可以从他们的面部表情或手势得知，父母会立即到地板上陪他玩，还是会再等会儿陪他玩。这个年纪的孩子已经学会打量新近认识的成人，能感觉出他们是安全、友善的人，还是危险、刻薄甚至不喜欢他的人。

　　了解和懂得使用非语言信息的孩子，比其他儿童更能领悟人类的基本互动和沟通。在学校里，他们倾向于与人合作而且积极主动。他们能够领会无言的暗示，也能弄明白让其他孩子困惑的原因。在非语言沟通方面存在着困难的儿童，很有可能在学校里困难重重，甚至交不到任何朋友。

　　不理解他人暗示的孩子，很可能扭曲或误解信息，且无法以适当的行动获得自己想要的东西。能够利用手势进行交

> 成熟的同理心就是：懂得设身处地地为别人着想，领会别人的感受，比较别人和自己的看法，然后盘算出解决冲突的可行之道。

涉，并最终使用语言解决问题，可以促进儿童的安全感。当刚学走路的幼儿看到一个玩具时，如果他拉着爸爸的手指向架子上的玩具，并要求他抱着自己去拿，那么他就是在学习应对和解决问题。他了解整个过程如何运作，同样了解如何分步骤地达成目标。如果爸爸愿意帮助，与孩子一同探索，那么孩子自然而然地就能学会解决问题的能力，并养成积极主动的习性。如果一个孩子擅长讨好别人，央求妈妈不管多忙都抽空抱抱他的话，那么他也是在解决难题。如果孩子拿着一本书走到爸爸跟前并眼巴巴地望着他，那么爸爸自然会无法拒绝；即便他再忙，也会坐下来陪他读书。相反，如果爸爸不确定孩子需要什么，而孩子只会哭着死缠烂打，逼迫爸爸给他买东西，往往会导致父子关系日趋紧张。这样的结果往往让孩子感到生气、恼怒，甚至变得情绪消极。

很明显，这种与人沟通的能力，非常有助于孩子建立安全感。他不需要苦苦等候和期待他人，他完全可以自己创造安乐毯。也就是说，孩子可以通过与照顾者的交流，获得自己想要的东西。要想做到这一点，家长们必须反应敏锐，尤其是从孩子很小就开始。当孩子越来越会讲话时，他会在不同的成人中试着寻找看谁没有反应。但是，一个刚学走路的幼儿会依赖父母或其他照料者充当伙伴，进而强化这种沟通技能。

当孩子不具备这些能力时，就会在心中埋下不安的种子。比如一个孩子，弄不明白由 A 到 D 的步骤，想不出办法取下放在架子上的玩具，或不知道如何表达愤怒的情绪，而只会咬牙切齿、大发雷霆，都会让他自己明显处于被动的境地。

懂得与他人沟通进而获得想要的东西，会让儿童在复杂的世界里更有自信。如果不具有这种能力，则会让儿童产生极大的不安。除非孩子的全部需求都非常简单，否则缺少这些技巧势必会让他难以得到满足。至少孩子必须懂得透过面部表情以及随后的话语表达内心的忧虑，并且他们必须找到适当的方法去寻求父母给予安慰和呵护。不过，对孩子们来说，这可能很简单，就像是想办法获得正在看报纸的父亲的拥抱一样，并不需要多少技巧。

说出想法，表达情绪 ▶

当一个孩子说"我想要那个玩具熊"，而不是直接伸手去抓时，他就是在运用象征符号。当孩子们说"给我那个""我很高兴"或"我很难过"时，他们就是在用思维取代行动（踢或打）。他们不仅仅是体验到了情绪，而且体验到了与这

邱浩然 10岁

个情绪相关的想法，并可以将其诉诸语言或者假装游戏之中。能做到这些的儿童，已能尝试将心理、身体和情绪合为一体。我们可以在儿童玩过家家的游戏中看到他们表达情绪化的想法，比如拥抱或处罚洋娃娃，假扮探险者兴奋地奔向月球等。幻想的能力是孩子发挥创造力的基础。当孩子们被要求编讲故事，或者猜想另一个孩子可能有什么感受，或者理解老师所读故事的意义时，实际上正是要求他们发挥创造性思维的过程。

许多孩子（还有成人）在运用这种能力时总是困难重重，他们总是一有情绪就立即诉诸行动："我一想到，我就会去做。"他们会逃避假装游戏，或者避免诉说自己的情绪，因为害怕一旦承认心情不好，就会忍不住爆发。我发现，通常情况下，无法控制好斗倾向的孩子，经常难以承认自己的情绪，更不会通过语言表达情绪。相反，他们会直接诉诸行动，通过运动神经系统发泄情绪——打人、咬人、推人。有时候，可能是因为他们过于焦虑，才会造成这种表达的困难。但也有一些孩子从来没有获得过这种表达情绪的能力。他们没有学会首先明确自己的意图或情绪，并以此来延缓行动或深思行为的后果。他们不能确认自己内在的意图和情绪，也不能坚持足够长的时间，去想出不同的表达方式。认请通过尊重每一个孩子的身体特质和文化个性,来帮助他们合理地思考,了解这个世界。

不出自己的意图和情绪,只知道采取行动的儿童,更加容易用侵犯行为应对挑战。

如果想知道你的孩子是否会表达自己的情绪,可以寻找机会问他的感受。比如在他的东西被别的孩子拿走时问:"发生这种事情,你有什么感受?"如果他选择直接对那个孩子动手或者表示说"我想踢他",那他并没有向你展示他说出想法表达情绪的能力。然而,如果他说"我要气疯了",而你回应说"那么当你气疯了时,你想做什么"?他说"当我气疯了时,就想打人、踢人",这时,孩子就达到了另一个阶段,即围绕感受形成想法的阶段。

孩子们学习表达情绪,是通过日复一日的体验进行的。自发的沟通,会帮助儿童练习使用语言来表达情绪(如"我现在就要那个玩具!")。当孩子听到别人在某种情境下使用语言表达情绪后,一旦他自己经历同样的情绪时,就会尝试着用语言表达。如果孩子通过努力能让别人感受到自己的情绪,那么,孩子的语言与情绪表达之间的联系会进一步加强。

对于具有安全感的儿童来说,他们身上的许多人格特质,都依赖于类似的这种能力。孩子有能力讨论各种情绪,会起到巨大的帮助作用，尤其是在他遭遇压力的时候。可以说出想法的儿童，能够在虚拟的假装游戏中抒发自己的情感。内心感到害怕的儿童可能假扮坚强的角色，譬如扮演警察将坏人抓进监狱，或者找来三只大熊保护自己。无论采用哪一种方法，孩子都是在为心理困扰寻找解决途径，以克服内心的无助和恐惧。

以合乎逻辑的方式联结各种想法的能力 ▶

在两岁半到三岁半之间，儿童会将不同种类的想法和情感联结在一起。比如他们会说"我很生气，因为你不来和我玩"，或"我很高兴，因为乔治人很好"。这意味着他们能将一段时间内的两种情感联结起来，并且认为其中一个是导致另一个的原因。不仅如此，在儿童玩过家家的过程中我们还会看到：孩子们开始策划故事情节——将两组想法连在一起。例如，孩子们安排几个玩具娃娃互相打架——不是一时兴起，而是为了某种原因。比如说因为有一辆汽车被坏人偷走，现在警察努力将这辆汽车找了回来。儿童这种在某种情绪水平下，联结想法的能力，为以后他们的逻辑思考能力打下了基础。当他们懂得在各种想法间搭起桥梁时，就能对自己的情绪体验进行梳理和分类。人的思考会反映个人的情绪体验，就像之前提到的，我们关于时间、空间和数量的观念，如同个人的喜好和看法一样，常常始于主观体验。

在这个阶段，儿童开始懂得区分幻想和现实的不同，亦即幻想是"内在于我的事情"，而现实是"外在于我的事情"。这种能力促使儿童学会控制冲动，并让他们认真考虑自己的行动计划。"如果我对某人做了不好的事，可能会伤害到他，而我也可能受到惩罚。"儿童开始了解这个世界运转的逻辑方式，即行动都会产生后果。

影响儿童逻辑思维发展的因素包括：独特的体格体征（如身体对感觉的反应和处理以及组织回应），以及包括家庭、社区和文化等环境因素，还有儿童在每个发展阶段与照顾者及同龄人之间的互动。学会逻辑思维可以有很多种不同的途径，并且不同的文化通常都有自己独特的方式。但是，不要将这些发展误解为旨在培养具体的信念或想法。我们在此探讨的是如何帮助儿童学会交往、沟通及思考，而不是具体的信念。我们重点要强调的是，通过尊重每个孩子身体上和文化上的独特性，帮助他们学会有逻辑地思考和了解这个世界。

以合乎逻辑的方式联结各种想法的能力，是儿童安全感的另一种基石，能让他们感到安心。能做到这些的孩子，可以弄清楚这个世界是如何运转的，以及他需要怎么做才能改变让他感到害怕的情形。在遇到看上去危险的人时，他知道最好寻找信得过的成人帮助。大部分的儿童本能地知道这一点，但是在面对额外的压力时，还能冷静地想到这一点的孩子，更可能找出行动计划或解决办法。

在其他许多方面，逻辑思考的能力同样有助于儿童建立安全感。它还是判断力、计划能力和学习能力的构成要素。如同我们在下一章所讲，逻辑思考的能力有助于儿童与同龄人更好地交流。

换句话说，对一个幼儿园（三到五岁）的孩子来说，若要让他能够完全地参与到幼儿园、同龄小伙伴以及家庭生活中去，并且学会数字和字母，他必须具备思考的能力。只有具备了这种能力，他才能应对让人害怕而又充满压力的新情况。和孩子长时间地进行观点鲜明的谈话，帮助他说出自己的观点，能帮助儿童发展出逻辑思考能力。在本章的结尾，我们会有很多这方面的例子，去深入地探讨如何促进婴幼儿这些关键能力的发展。

对于婴儿和学龄前儿童来说，以上这些是他们得以建立安全感的六大基石。但是，如果这些基石并不结实，或者当压力大到让儿童们焦虑、苦恼或出现完全无法控制的其他情

> 婴儿和学龄前儿童会通过父母的反应感觉到焦虑，而不是通过外界理解发生了什么事。

况时，会发生什么事情呢？接下来，我们会探讨这些可能的情况。我们将确认哪些是最常见且最重要的状况，并探讨相应的解决之道。

婴儿和学龄前儿童苦恼与不安的共同征兆

通常，婴儿和学龄前儿童会通过各种各样的喂养、饮食和行为问题，显露出内心的不安。他们会通过父母的反应感觉到焦虑，而不是通过外界理解发生了什么事。但是，学龄前儿童会记住一些事情的场景，并在他们的假装游戏以及口头表达中显现出来。在这一节里，我们将观察儿童不同类型的行为，看哪些行为能反映出儿童内心的苦恼或者不安。

过分忧伤

有些儿童，尤其是较大一些的学龄前儿童，在难过的时候会看起来非常伤心。他会假想问题非常严重，并很早就显得忧心忡忡。比如他可能担心母亲或父亲不会回家，或自己在学校发生什么事。他会显得神情哀伤，而不仅仅是忧虑。

这样的孩子往往需要额外的关怀和更多的支持。他需要大量的锻炼，以学习如何让自己变得自信并能够解决问题。这样的孩子经常会隐藏许多愤怒的情绪，因此在玩假装游戏时，家长应该提供机会让他表达情感，尤其是游戏中包含不好的事情时。在父母额外的关照下，孩子会学着控制局面并能适时地表达愤怒。久而久之，孩子的忧伤通常就会慢慢消退。当然，如果家庭环境不能让孩子停止忧虑和哀伤，那么家长就必须了解儿童内心真正的需求，并及时采取措施进行应对。

好斗和过分冒险

有些孩子会显得行为冲动而且好斗，常常搞破坏。有一些孩子生性活跃，喜欢冒险，但是行事鲁莽，往往不计后果。比如从很高的地方往下跳，在街道上追逐打闹等。还有一些孩子不在乎其他人的感受，例如，随便拿走别人的玩具，而毫不在乎对方是否生气。

孩子具有类似的行为，往往是某种压力所致。如果孩子的这种行为日益严重，甚至变成既定的行为模式时，家长一定要采取积极的应对措施。这其中的关键是，家长应该立场坚定、态度温和地给孩子的行为设定界限，同时与孩子进行更多的互动。要知道，这类孩子需要更多温暖的沟通，才能学会回应别人以及环境的暗示，进而才会做出更好的判断。有一种游戏叫"规矩游戏"，家长可以用来帮助孩子练习。玩这种游戏时，家长分别要求孩子快跑，然后慢跑，接着以超级慢的速度走路；或者要求孩子大声击鼓，然后轻敲，最后以超轻的方式打鼓。通过这种游戏，可以让孩子学会遵守规则。经过类似的训练，儿童的言行举止会越来越规范。

过分害怕和焦虑

在面对新的压力时，敏感的孩子通常容易变得过分害怕和焦虑。这样的孩子往往非常黏人，并且过分挑剔，需要持续不断的安慰。他可能半夜爬到父母的床上睡觉，而且刻意言辞夸张地描绘自己的害怕和担忧。

要帮助这样的儿童，父母可以采取双管齐下的方法：一方面给孩子提供额外的照顾、安全感、温暖以及让孩子表达自己情感的机会；另一方面通过各种办法帮助孩子逐渐地培养起自信。

回避某些情感

有些孩子在应对压力时，会刻意地回避自己的情感，甚至原本可以用手势、语言或游戏来表达的情感，他们也会刻意地减少。比如，他可以非常自在地谈论多么爱父亲，或者多么喜欢另一个孩子，但是一旦谈到自己生气或愤怒的事情时，就会吞吞吐吐、欲言又止。有些孩子可能愿意表达害怕的感觉，却不愿意表达忧伤、失望或遭受拒绝的苦痛。诸如被别人伤害、被他人从父母身边带走而产生的害怕，他们都可以形象地说出来，但对于自己的妈妈被带走所产生的恐惧却难以表达出来。每一个儿童的弱点不同，极力回避的情感也各不相同。新的压力往往会减少儿童表达情感的意愿。有时候，孩子之所以避免表达情感，恰恰是由于压力直接导致的。例如，在面对压力时，孩子也许会谈论害怕，但却不敢表达愤怒，因为他们害怕自己的愤怒可能会导致父母不再保护他们。父母可以认真考虑一下，看孩子是否有能力表达所有的情感——亲密、愤怒、害怕、焦虑、担心、高兴、好奇等。

父母或照顾者可以利用假装游戏，来扩展孩子的情感表达范围。在经过数周有节奏的假装游戏后，成人可以利用孩子的某一行为，与之探讨相关的情感话题。例如，假设孩子害怕谈及愤怒，你可以在玩游戏时，扮演坏人抱走好人的小狗，然后问他："如果我带走你的小狗，你有什么感受并打算怎么做？"换句话说，你并不是有意逼迫他，而是提供机会让孩子练习说出害怕的情感。

害怕用语言表达情感 ▶

　　有些儿童在感到害怕或焦虑时，发现将这些情感说出口会使他们更加害怕，就好像说出来会让情感变得更加真实，还不如只通过面部表情或肢体表达更安全一些。有些孩子非常害怕时，可能会满脸忧愁地跑来找你，并暗示需要你给他一个温暖的拥抱。即便是他们愿意表达，依旧很难把内心的害怕用类似"我很害怕"的话语说出来。因为他们担心这样的话会让他们感觉更糟糕，于是他们会避而不谈任何情感。

　　对这样的孩子来说，重要的是应该努力减少他们的压力，给他们提供安全的环境，帮助他们慢慢地学会用语言表述自己的情感，并试着让他们知道，这其实一点都不用害怕——这的确能帮助孩子好受一些。要做到这点，最好的办法还是玩假装游戏。家长可以假装让洋娃娃诉说自己害怕，从而给孩子做出榜样。有那么三四个星期的训练之后，你就可以试着问孩子是否已经不再那么害怕或者担心了。如果孩子点头，那么你就成功了一半，尽管这只是开始。再经过些时日，孩子就可以自己表达内心的困扰，而且这会让孩子发展出一种全新的技能。

身体上的病痛 ▶

在面对众多压力时，有些孩子会感到头痛、肚子痛或出现其他身体症状。这些症状经常使儿童体验到真实的不舒服。之所以如此，部分原因在于孩子们不懂得利用肢体语言和口语表达自己的情感，以至于无法排解心中的难受。有些孩子更可能会这样，因为他们的胃比较敏感或者非常容易头痛。我们之前探讨的很多技巧，在这里也会非常有用。

混乱的行为 ▶

当面临压力时，许多孩子的行为会比较混乱，例如时常从一个玩具或活动上转到另一个玩具或活动上。无论做什么看上去都漫无目的，既不征求父母允许，也不按目标组织行动。毫无疑问，压力和害怕可能使这类行为更加恶化。

在这种情况下，解决问题的关键在于给孩子设定坚定的界限。但家长的态度要温和，防止孩子们做出冲动的行为，并训练他们要有目标和条理。这样的孩子通常需要许多互动和鼓励，才能集中心力做好某件事或听父母的话。关于如何做到这一点，我们将在下一节中进行描述。

被动、无助的行为 ▶

有些孩子焦虑或害怕时,往往会显得畏首畏尾。这种情况在刚学会走路和学龄前儿童的身上尤为明显。每当他想要什么东西时,就会先行哭闹,并且稍有不如意,就变得情绪低沉。孩子似乎希望家长为他安排好所有的事情。孩子的这种无助感,有时会让他们变得过于挑剔。只要是你没有按他要求的做,他就威胁着要撒泼打滚。大部分父母对此都再熟悉不过,但有一点,也许并不是所有的家长都能了解的:压力或焦虑可能使孩子类似的行为变本加厉。

这种情况下,家长应该帮助孩子变得更加果敢自信。做到这一点并不很难:请他把一个玩具递给你,而不是你走过去自己拿;或者让他爬到架子上拿想要的书,而不是你帮忙拿。对他的请求你装聋作哑,逼着他用手势比画着让你把他抱起来,鼓励他自己去拿书架上的书。你需要不断给予支持、帮助以及鼓舞,来鼓励孩子主动采取行动。当然,如果孩子的害怕和焦虑非常严重,在帮助减少这些压力的同时,给孩子提供更多基本的关怀,也是非常有必要的。

封锁情绪 ▶

当一个孩子封锁自己的情绪时,并不像他躲避众人一样那么明显。这样的孩子会害怕通过面部表情和肢体语言表达情感。他会变得面无表情，没有快乐、忧愁、高兴、哀伤、兴奋或好奇。八至十个月大的婴儿，已经可以表达各种不同的情绪。这种能力是从三四个月大时就逐渐发展的。而看上去永远都是同一种表情的孩子，其实就是在封锁自己的情绪。无法用面部表情或其他肢体语言表达情感的孩子，感受内在情绪的能力很可能被限制了。就像你可能看到的，当儿童遭到虐待、被人无视或者缺乏表达和交流情感的机会时，孩子会感到极度恐惧，而这种恐惧又导致了孩子进一步封锁自己的情绪。

要帮助这样的孩子，家长必须借助于之前提到的那些构成安全感的基础要素。重要的不只是引导孩子与人交往，还要让孩子与你交流情感，哪怕是从开始时最简单的相互微笑，慢慢延伸到其他的情绪表达。任何类型的互动游戏（相互滚球或者做鬼脸等），都有助于促进孩子的沟通能力。如果一个孩子在家里受到了虐待或不被关注，那么对于他及其家人来说，就很有必要进行专业的全面帮助。

退缩

如果一个孩子得不到别人的帮助或者得到的帮助非常有

> 任何类型的互动游戏，都有助于促进孩子的沟通能力。

限，他可能会处处退缩，并且不愿与人接触。如果受到虐待或被人无视，他可能会害怕见到照顾者。当婴儿或幼儿这类情况非常严重时，他们可能会完全封闭自我，只在乎自己的身体需求。这样的孩子甚至会尝试不尊重周围的人，并以此为乐。在一些儿童被无视或忽略的机构里，我们经常会看到这样的案例。但是，如果孩子面临的压力极其严重，同样会出现类似的情况。

在这种情况下，就需要采取综合性的方案。这其中，重要的是要引导孩子学会与人交往。如果孩子确实有某种特殊的问题，诸如触觉或听觉过度敏感，你就要以让他感觉舒适的、富有条理的方式接近他，不断地增强他的安全感。（参见本书"有特殊需求的孩子"及"婴儿和幼儿"部分的内容，可以获得更多信息。）

帮助婴儿和学龄前儿童增强安全感

在这一节里，我们将更详细地探讨帮助婴儿、刚学会走路当你取消了孩子表达情绪的一条途径时——比如不接受孩子冲动任性或者不守规矩的行为——通常要给他提供另一条途径去表达自己的关切。

的幼儿及学龄前儿童更有安全感的方法。即便孩子的情感很健康，这些策略仍可以帮助孩子强化安全感。有三种基本类型的策略：利用零散时间与孩子共处（我称之为"地板时间"）；共同寻找办法解决问题；设定温和而坚定的界限。当然，家长到底采用何种类型的帮助，需要根据孩子的具体情况而定。

"地板时间"▲

所谓"地板时间"，也就是你可以用来与孩子进行互动的时间。你可以根据孩子的想法，加上你的引导，帮助他学会与人相处、沟通，同时训练他学会富于逻辑地进行思考。诚如我们所知，这些能力都有助于孩子建立安全感。许多父母都会出于本能地这样做。按照本书方法实施的父母，会发现这样做将会获益匪浅。

根据孩子的水平，顺应他的引导。"地板时间"的主要原则很简单：家长要放下身段与孩子平起平坐，鼓励孩子在所有的游戏中充当主角，而家长只充当配角。

对于小孩子来说，地板上的天地其实是很大的。在地板上他可以自由自在地玩玩具和做游戏。当你和孩子一同坐在地板上时，你实际上营造了一种平等的氛围，鼓励孩子与你互动，且行事上更加主动、更加自信。不过，"地板时间"同样意味着围绕孩子的天地运转：在帮婴儿换尿布时冲他做鬼脸，吃饭或做事时同他聊天，给他洗浴时玩水或同他一起户外散步。也就是说，"地板时间"可以发生在任何地方、任何时刻，只要你能让孩子感觉到，你乐意根据他的水平和能力与之相处就行。与此同时，全家人都很关注他的兴趣、想法和意见。

让孩子自行选择活动。无论哪种游戏，只要父母和孩子都能从中得到乐趣，就都是有价值的。如果你偶尔才会和孩子玩游戏，那一定要鼓励孩子扮演主导，并要根据孩子的节奏来玩。

每一个父母都可能会喜欢不同的游戏。一个人可能喜欢幻想式的游戏，另一个则可能会倾向于艺术性或体能性的游戏。兴趣不同并没有关系，只要父母热心参与。孩子们能感觉出来你们的享受程度，并且会期待和你们每一个人玩不同类型的游戏。

"地板时间"既不是教导的时间，也不是家长控制孩子或者独断专横的时间。相反，"地板时间"是让孩子做主的时间。即便是八个月大的婴儿也会希望主导自己的游戏。因此，只有两种限制是必要的：不准伤害别人，也不准破坏玩具。

张博涵 8岁

"地板时间"既不是教导的时间,也不是家长控制孩子或者独断专横的时间。相反,"地板时间"是让孩子做主的时间。

而且,执行这些规定时应该礼貌温和,但是要态度坚定。

与幼儿玩时,家长应该无拘无束地加入孩子的活动,同时随着孩子一起拍手、嬉闹或玩哗啦棒。当你跟着他做时,可以用你自己的表情模仿他的动作和腔调,和他一起微笑,一起噘嘴。最重要的是,家长要引导孩子使用肢体语言和你进行互动。

如果一个学龄前的孩子正在画画或者堆积木,你可以有礼貌地参与其中。如果他坚持让你只在一旁观看,那就依照他的意思,在一旁观看就是了。但你可以试着夸张地表示很想知道,自己到底能否也画上一些。如果孩子最后告诉你五个理由,表明自己比你更优秀,那你就应该静静地在一旁欣赏。这同样也是一种"地板时间",只不过主题是"我比你画得更好"。

家长应该经常参与孩子感兴趣的活动,并根据他的水平与孩子玩游戏。久而久之,通过这种方式建立起来的亲密感,会成为儿童内在安全感的重要组成部分。

相互沟通。当你决定按照他们的兴趣和提议跟随他们的引导时,孩子们通常都会大受鼓舞,并积极地回应你所做的或所说的。我将这个过程称为"沟通的开合循环"。如果你的孩子移动自己的玩具卡车时，你也将另一辆车移动到他的旁边，并说"我们要去哪里"？这样，你就打开了一个沟通的循环。如果他在你的引导下回答"我们要到房子那边去"，或只用自己的卡车撞你的车，同时给你一个会意的眼神，他就合上了一个沟通的循环。游戏伙伴关系不仅会鼓励孩子采取主动，而且会对你的行为做出回应。即使当孩子只是说"不！"或"嘘！"时，也是在合上这个沟通的循环。通过这种持续的交流，让孩子学会倾听他人的这种能力，是帮助孩子建立安全感的核心能力之一。

创造适当的游戏环境。帮助孩子与你展开对话的方法之一，就是提供一些简单、适合孩子年龄的玩具，诸如洋娃娃、机器人、汽车或积木等。你可以利用这些玩具来培养孩子的爱好兴趣。你应该想办法让玩具变得鲜活起来。例如，当你拾起青蛙玩具时弄出蛙鸣声，当你推动玩具车时发出"轰隆"声。通过这种方式，有助于在你和孩子之间形成一种富于创造性的互动氛围。

有些孩子会对某几种玩具比较倾心，另一些孩子则可能什么玩具都会喜欢。对很多孩子来说，洋娃娃和机器人可以更容易地让他们用幻想的方式，探索现实的情境和真实的情绪，尽管其中一些日常生活体验有可能会让他们感到害怕。而"地板时间"给他们提供了安全的场所，可以让他们无须害怕地进行实验。另外，下棋和拼图游戏也可帮助孩子与他人建立更有条理的互助关系，而不是随兴而发的互动。

扩展与孩子的对话。扩展孩子与你沟通的最好方法是，通过帮助他达成自己的目标，与孩子形成一种很有建设性的互动。例如，当你看到十八个月大的孩子指着放在架子上的玩具大象时，你可以指着玩具问他："想要大象，是不是？"当他微笑着从你手里接过玩具时，你就等于帮助他达成了目标，扩展了你们的互动。

如果你两岁的孩子拿着两个洋娃娃互相打斗，你可以会意地说："好激烈的打斗啊！"然后拿着一个玩偶假装说（用玩偶的口吻）："我正在看这场战斗！"如果孩子对你的举动产生兴趣，或者更好的情况是，他试图用你的玩偶去中断打斗，你可以询问他是否需要另一个玩偶帮忙，从而进一步地扩展你们的互动。

在游戏中故意设置障碍，也可以增强与孩子的互动。例如，当你的孩子有意避开你时，你可以试着让自己处于孩子和他专注的玩具中间。你可以扮演围墙或高山，而他必须从上面爬过或从下面钻过，才能拿到最心爱的卡车。如果你的孩子看上去决心要自己驱动玩具汽车，你可以试着用手做出"隧道"的形状，盖住他的汽车。这可能会激励他努力掰开你的手去找玩具车。所有这些方式，都可以帮助家长避免与孩子在一起游戏时变得呆板无趣。

容许孩子在游戏中表现攻击性或愤怒的情绪。 在"地板时间"，家长应该允许孩子尝试各种主题的人生体验：亲密与依赖、主动与好奇、喜爱与冒犯、愉快与惧怕等。然而你会发现，尽管你竭尽所能地利用"地板时间"为孩子成长提供支持的环境，孩子仍然会有意识地忽略某些特定的游戏主题。在这种情况下，最合适的做法是温和地给孩子们介绍那些他们试图无视的情绪。举例而言，当你三岁的孩子想要维护自己的利益，宣称某些玩具是他的，但是又因为胆小显得被动时，你可以将他最喜欢的那辆卡车拿走。但是一定要记住，在你拿走卡车时请面带微笑，放慢速度，以不带有敌意的方式进行。这时候，你的孩子就会变得勇敢果断，会赶紧跑过去抢回自己的卡车。

如果孩子的"地板时间"里充满了过多的愤怒或攻击的主题，请尽量不要用以下的问话方式进行干预："为什么（这个角色）那么坏？"或"为什么（这个角色）不能停止打架？"

相反，你可以这样说："天啊，他真的很想教训教训这些坏蛋，将他们一网打尽。他一定对什么事情非常愤怒！"通过承认角色的愤怒以及认可孩子那样做的理由，你能让孩子知道你会站在他的一边理解他，而不是站在对立的位置上批评他。

充满想象和言语生动的表达方式，通常能帮助孩子学会了解及控制自己的情感。诸如愤怒等强烈的情感如果得不到承认，孩子很可能会选择直接发泄，从而变得很有攻击性；或者选择以间接的方式进行发泄，以致变得过度压抑或胆小。接受孩子们的情感，并不意味着赞成他们发泄到生活中去。反之，家长可以通过对话帮助孩子们学会使用思考，而不是直接诉诸行动。与此同时，这样做还可以增强家长与孩子讨论问题的能力，并为孩子的攻击行为设定适当的界限。

一个懂得表达并控制愤怒的孩子，将会更有安全感。如果你能传达给孩子一个很有同理心的信息，让他知道在游戏时可以表达愤怒的情绪，那么孩子也会在游戏中表露出依赖、爱和关注他人的特性。否则，一旦孩子感到自己被人误解，失望的心情就会让他变得更为极端。而且，孩子的这种愤怒和恐惧，有时候会非常严重，甚至会让他一蹶不振。

在体能和感知方面强化孩子的自信。"地板时间"的游

> 诸如愤怒等强烈的情感如果得不到承认，孩子很可能会选择直接发泄，从而变得很有攻击性。

戏，会对很多孩子产生吸引力，同时也有助于他们进行感知和体能的锻炼。当孩子与你进行有意义和礼貌的互动时，他们的感知和体能都可以得到锻炼。你可以试着在游戏中加入视觉和空间的元素，看他是否能发现你藏在门或椅子后面的东西。与之相似，用积木搭建城堡和高塔之类的空间游戏，同样能够扩展孩子处理问题的思维，并帮助锻炼他们的体能。如果他想建造一个城市，你就可以充当他的助理建筑师或建筑工人。城市需要递送食物，保障安全，还要确保怪兽不会入侵。当孩子按照梦想设计游戏内容时，不仅可以扩展他们的能力，还可以让他们从完成任务中获得自信。关于这一点，我们将在后面的内容中进一步讨论解决这种问题的能力。

与兄弟姊妹和朋友共享"地板时间"。有时候，亲子之间很难进行一对一的地板游戏。这时候，可以找其他孩子、兄弟姊妹或看护人，一起进行团体地板游戏。这样做有两种方法：一种是让每个孩子充当领导者的角色二十分钟，其余的人在游戏中充当演员或道具。每个人都要跟随领导者表演，不论是演出学校的生活还是演出好人抓坏人。成人的任务则是帮助其他人跟随剧情进行演出。即使是刚学走路的幼儿，也可以充当演员。可以让孩子与你一起藏进橱柜里，或者趴

> 一个懂得表达并控制愤怒的孩子，将会更有安全感。

在你的腿上扮演摆放茶具的桌子。一个九个月大的孩子，可以被具有丰富想象力的四岁孩子安排扮演一个友善的外星人角色。等到九个月大的孩子充当领导者的角色时，你和其他的孩子可以尝试着引导他进行循环式的沟通。例如，一个四岁大的孩子假扮妈妈并递给九个月大的孩子一个哗啦棒，然后看看他会不会伸手去拿。

第二种进行团体地板游戏的方法，是寻找大家都感兴趣的游戏主题。这个方法可以用在三到五岁或更大的孩子身上，因为他们已经学会了与别人合作。在这类团体地板游戏中，成人可以帮助孩子发现他们的共同兴趣，并主动演绎和扩展孩子们的戏剧故事。家长可以不断变换主题，比如从家庭、学校生活到太空探险再到扮演卡通人物等，这样会使游戏得以进行下去，而孩子们也会发挥创造力，从而让游戏变得乐趣无限。对于家长们来说，有机会观看孩子们的即兴演出，也不啻为一种很好的乐趣。

实际上，这两种团体地板游戏的方法有相同的目标：帮助每一个人都参与其中进行互动。按照这种方式，所有的参与者都体验和参与过这种目标明确的互动，运用大量的肢体语言，而且当游戏内容适合孩子们的年龄时，他们会非常有创意，会很有逻辑地串联前后的剧情。当然，这中间最重要的是，成人和孩子都会觉得兴趣盎然，并从中获得乐趣。

根据每一个孩子的个体特征调整"地板时间"

根据孩子的个体发展特征进行游戏，可以成功地与孩子在"地板时间"里进行互动。以下五种不同的分类，或许可以描述你的孩子的发展概况（可能是某一种，或者是几种情况的混合）。

容易感到挫败、过于敏感的孩子。有些儿童非常敏感，即便是轻微的触动、些微的声响、亮光或突然的移动，都会吓到他们。当你与敏感的孩子一起游戏时，他可能非常谨慎，并且需要很长时间才能适应新的情况。他也可能特别需要当主导者，在所有的行动中控制他人。天性敏感的孩子想要尝试人生百态，但却喜欢每次只尝试一点。家长需要不断地采取假装游戏，才能引导其进入正轨。尤其重要的一点是，家长要尊重他想做主导的欲求，通过游戏让他逐渐体验勇敢果断，从而变得日益自信。

反应迟钝的孩子。反应迟钝的孩子可能不大愿意通过肢体动作、语言或假装游戏来主张自己的意愿。对于这样的孩子，家长需要多加引导，鼓励他们参与活动。过不了多久，好奇心或兴趣就会让孩子们醉心于游戏之中。甚至到了最后，他可能很享受父母在房间里和他一起玩游戏。通常，这样的孩子在能够用语言表达心思之前，需要通过肢体语言和假装游戏来表露自己的勇敢和自信。

渴求感官刺激的孩子。对于过分活跃的孩子，父母的任务将会更多。首先，家长应该因势利导，根据孩子的兴趣爱好，引导他将注意力集中到其感兴趣的事情上，而不是来回地变换主题。否则，孩子对新的视觉、听觉和触觉的渴望可能变得狂乱不羁、恣意妄为，而不是积极有序地参与游戏。这样的孩子一旦将注意力集中在自己选择的某个主题上，他可能会坐下来聚精会神地玩上一刻钟甚至更长时间。其次，你可以试着混入"调音"的游戏，由快到慢，由嘈杂到安静，帮助孩子学会控制自己的行为。一个非常活跃的孩子可能需要父母格外的抚慰以及关怀，才能在他们的鼓舞下，运用概念和采取行动。要知道，一个感到自己缺乏自制的孩子是不会有安全感的。

能注意到所见但注意不到声响的孩子。有些孩子在弄清楚周围的声响上比别的孩子困难，且经常注意不到父母所说的话。父母与其指着各种物品或书中的图画教他，倒不如利用"地板时间"给孩子提供额外的机会锻炼他的理解力。假装游戏可以让孩子自发地与洋娃娃或机器人进行"谈话",这种自然的方法很能促进孩子的表达能力。当你知道孩子需要东西时,就跟他聊天,同样可以帮助孩子注意周围的声响。

能注意到声响但很难理解所见的孩子。与上面的情况相反,有些孩子能注意到声响,却很难搞清楚看到的东西。家长可以采用寻宝、搭建积木之类的假装游戏,并利用足以刺激视觉的道具,来锻炼孩子的视觉反应能力。这样做会很有用处,因为通过游戏,可以激发孩子们更仔细地注意视觉信息。

解决问题 ▶

除了无拘无束地享受"地板时间"的快乐之外,和孩子进行特别的一对一的问题解决练习,也是建立孩子安全感的一条重要途径。和每天在家庭和幼儿园经历的那些日常挑战不同的是,一对一的练习很有针对性,焦点主要在应对孩子可能面对的"重要"事情上:夜半惊梦、如厕训练、殴打他人、乱扔食物、乱发脾气或者刻薄地对待兄弟姊妹等。家长可以在一段时期内,坚持每天抽出十五到三十分钟的时间和孩子谈话。这样会比一次就试图收到作用的谈话更有帮助。但是请记住,在你和孩子之间遭遇危机时最好不要这么做。

如果学龄前的孩子个性比较强，当你和他进行类似的谈话时，他可能前十分钟根本不理你。要么他会转变话题，要么他会直截了当地告诉你"我不想谈这个问题"。然而，必须要意识到的一点是，可能得经过十五分钟的讨论，才能让孩子明白你的真正用意。当然，并不是每个孩子都不情愿谈，有些孩子会为一件事和父母喋喋不休地争论好几个小时。

一旦你引出了一个话题，就要试着倾听孩子说话，并设身处地从他的角度着想。比如孩子动手打人后，你可以这么对他说："我敢说，你会告诉我很多原因你为什么打人的。"最后孩子可能向你抱怨一堆事情，"他老是抢走我的玩具"或者"你老是站在他那一边"。你越是了解孩子行为的缘由，就越能给他机会发泄不满，表达恐惧和希望，也越能在解决问题的同时，帮助孩子成长。不要以为你知道孩子的想法和感受。而且即便你知道，也要让孩子自己说出来。家长要学会倾听，让孩子说出自己想说的话。对于你问的问题，如果孩子光是点头或简单地表示肯定或否定，就无法帮助他掌握解决问题的更好技能。越不喜欢谈论问题的孩子，实际上越是需要锻炼解决问题的能力。

有些孩子在考虑问题时，往往很难抓住事情的重点。即使是语言和逻辑思考能力很强的孩子,也可能在遭遇特殊事情时变得不知所措。如果你的孩子有这方面的问题,你可以引导他,把注意力集中到他容易忽略的较大问题上。另一些孩子可能无法描述问题的细节,或无法确认自己的情绪问题。你可以鼓励孩子表达自己的体验:"告诉我今天早上发生了什么事?我有很多时间倾听的。"家长对孩子情感的某个方面表现出兴趣,可以帮助孩子梳理问题的细节,从而避免过于笼统地进行描述。如果孩子无法描绘明天可能出现的状况,你可以帮助他进行想象,然后询问他会有何感受。随着孩子日益长大,这种技巧会帮助他应对看上去让人生畏或可怕的情境。

设定界限

帮助孩子建立安全感的第三个重要措施,就是建立坚定的界限。家长要想培养和孩子之间的亲密关系,除了以上的措施以外,还必须设定清楚、始终如一的行为界限。而且,这几项措施一定要同时进行。当你取消了孩子表达情绪的一条路径时——比如不接受孩子冲动任性或者不守规矩的行为——通常要给他提供另一条途径去表达自己的关切。成功的界限设定不仅态度温和,富有同理心,而且也坚如磐石。在这种界限下长大的孩子,会感觉到更多的安全感,并且无论对于什么事，只要是可以预知的、充满意义的，他们都会表现出安心。

> **TIPS**
>
> **如何给孩子设立界限**
>
> ☆ 严格执行你的决定；
>
> ☆ 教导孩子认识界限；
>
> ☆ 保持同理心、关注并保持对话；
>
> ☆ 选择你要解决的问题；
>
> ☆ 合理的惩罚；
>
> ☆ 避免过度保护；
>
> ☆ 冷静对待孩子发脾气。

严格执行你的决定。家长们经常会感叹他们的孩子"就是不听话"。他们不愿意自己穿衣服，不愿意自己收拾玩具，以及不愿意做诸如此类的很多事情。然而，大部分的孩子都不会在客厅的墙上胡乱涂鸦超过两次，那是因为父母在孩子这样做时，会严肃地说这得重新粉刷墙壁，而且态度远比要求他们收拾玩具更坚决。大部分的儿童都能看得出父母在什么事情上态度坚决，在什么事情上他们可以逃得过父母的管教。因此，要想给孩子设定界限，首先你要决定，哪些限制成功的界限设定不仅态度温和、富有同理心，而且也坚如磐石。

是真正重要的，并且是孩子必须遵守的。家长的决心不只是通过言辞传达，更是通过他们的肢体行动传达的。

教导孩子认识界限。界限只有通过教导，才会真正有用，仅仅命令是起不到作用的。孩子们总是会犯各种各样的错误，这就会给你提供充足的机会去教导他们。一旦孩子长大到能够理解手势和语言的意思，当他犯错误时，你就可以站在他前面坚定地摇头说："不，不可以！"当孩子无法拒绝诱惑时，你可以采取措施把他与诱惑的事物分开。比如你可以重复告诫他："不可以看电视！""不可以开灯！"孩子很可能委屈得大哭，但只要你能坚持不懈，摇头并且心意已决地说"不"，孩子就会知道你是不会妥协的。

对刚学走路的幼儿来说，当他们能把语言、行动和影响（感情）联结在一起时，就会逐渐知道你的话和手势是什么意思。相反，如果你看到危险，只是猛然拉开孩子（这么做比较简单，要是孩子陷入明显的危险时，你的第一反应当然是先把他们拉开），那么孩子学会的只是"被拉开"意味着"我不能做某件事"，却不明白为什么"被拉开"，并在以后出现类似的事情时，不会遵从你的指导。

当你和孩子在自家的草坪玩耍，而不是在商店等公共场所时，可以主动找机会教导孩子。这样做的好处是，你不用担心会引人注意。你可以利用下面的这些机会，给孩子以积极的引导，比如：要求孩子自己收拾玩具，使用汤匙吃饭，晚上按时上床睡觉，和别的小朋友分享玩具或者自己学习穿鞋子等。当你这样做时，可以自问以下问题：

* 我的孩子注意到我了吗？
* 他是否了解我的意思？我的话或手势足够清楚吗？
* 他是否已经注意、了解我所说的话，但却选择不听从？我是否以积极的方式包括充满尊重地给了孩子足够的激励？如果有必要，我是否已经准备好以合理的制裁激励他？
* 为了保护孩子远离危险，或避免伤害别人，我是否应该更加坚持不懈，并且态度礼貌地制止他的某些行为？
* 我是否已经通过每天的"地板时间"和练习解决问题的时间，为培养孩子的同理心，提供了足够多的对话机会？

如果这些问题你的答案都是肯定的，那么你所设定的行为界限，对孩子来说，会很容易就学会的。

保持同理心、关注并保持对话。当交流的双方话不投机、出现纠纷或者行为受到限制时，人类的天性往往倾向于拒绝使用同理心,并且不愿意与对方保持亲近。对于孩子的不良行为,你如何能够保持同理心?如何能设身处地为孩子着想?比如,当孩子看见一个很喜欢的玩具却不能购买时,那种极力克制住自己购买的欲望,对孩子来说就是一件很不容易的事。家长只有站在孩子的角度,才能真正地理解孩子。而家长只有在设定界限时怀着同理心,才能让孩子甘心情愿地选择顺从。毕竟,家长设定界限的最终目标在于教导孩子更有同理心,并且尊重他人。

同时,言传不如身教,孩子学到的多数内容,不是来自你说了什么,而是来自你做了什么。可是,面对让人头痛和生气的孩子时,许多父母总想选择逃避。如果家长总是抱着这样的心态,那么,只会让孩子更加感到被人排斥、脆弱无助、出离愤怒或者担惊受怕。要知道,家长们最好的方法就是勇敢地承担起责任,重新建立起孩子的安全感,并教会孩子学会自我控制。额外进行一些地板游戏,或者和孩子一起解决问题,都会起到很好的帮助作用。如果家长能够持之以恒,那么要不了几个星期,所有对孩子设定的严格界限,看上去就会显得合适而且有用。学会保持同理心而不是选择逃避,将会帮助家长摆脱因管教子女而产生的苦恼情绪。

选择你要解决的问题。设定界限的首要任务,就是决定要限制什么。做到这一点并不容易。你必须根据自己的价值观和家庭情况做出适当的选择，然后范围清楚地设定界限并严格执行。在一段时间内，最好把精力集中于解决某几个问题上。家长需要明白，通过有效的途径，在几个重要的问题上获得成功，总比注意力过于分散导致失败要好得多。例如，关于"不许打人"，你就要清楚地定下规矩。不要陷入战术上的错误，一次试图解决好几个问题，更不要给孩子设定过于狭窄的许可范围。

举例而言，不要因为具体的过错行为来惩罚孩子，诸如打人、咬人或掐人等行为。相反，要将眼光放到更大范围的层面上，也即要让孩子学习"尊重别人的身体，不能伤害别人"。"尊重"和"不能伤害"的概念，将让孩子无法狡辩或者违抗你的命令，比如他会说："我确实遵守你的命令，没有打人、掐人或咬人，我只是用力撞了他一下。"要知道，你的目的在于帮助孩子学会合适行为的普遍原则，而不要只见树木，不见森林。

合理的惩罚。如果要惩罚孩子，请尽量不要采取那些会对孩子的身心造成伤害的方式。例如，不要禁止孩子与朋友一起玩耍，因为这种活动极有价值。你可以考虑别的处罚方式，诸如不准看电视、不准玩电脑游戏、提前睡觉或者打扫厨房等。孩子们需要有挑战性的处罚方式。我认识的一位家长，曾经对孩子采取过"计时隔离"的方式，但在她那样做十五分钟之后，四岁的孩子很直率地说："我根本不在乎，这种处罚太简单了！"

"计时隔离"并不见得一定有效。采取这种方式，甚至会暗示你的孩子你忍受不了他的怒气。如果你与孩子互相敌视，或要求他在你跟前面壁思过，那么结果是你将更加难以收场。更重要的是，有些叛逆的孩子会存在"成熟期延迟"的现象，这会影响他们理解你的话语。他们会对你说的内容"充耳不闻"，完全迷失在自己的幻想世界里。对这样的孩子来说，他们最想做的一件事就是与世隔绝，好让他们自己能做更多的白日梦，尽管这样会进一步破坏他们了解事实的能力。这样的孩子会对"计时隔离"毫不在乎，甚至会觉得好玩。对他们采取这种办法，自然毫无意义。孩子们有能力去平衡亲密、信赖、尊重同愤怒的关系，而这将引导他们学会自我约束。家长处罚孩子的方式绝不要过于冷酷、机械或者缺乏同理心。要知道，只有在充满温情、相互尊重的关系中，那种富于建设性的界限设定才可能取得成功。

避免过度保护。有些父母担心设定界限会导致孩子不开心，不少家长甚至为此头痛不已。如果你发现自己无法有效地限制孩子的言行，可以试着与你的配偶谈谈，探寻一下自己过去产生这类情绪的根源。家长不应该降低训练标准，而应该尝试着更加严格一点：你可以采取多陪孩子玩耍的方式，来减少自己内在的痛苦和罪恶感。毕竟，父母不能在孩子面前表现出过多负面的东西。接着，要确认你选择的行为限制对孩子来说具有真实意义。因为每个孩子的情况都不一样，同样的行为限制对不同的孩子来说效果很不相同。因此，家长最好通过尝试寻找到对自己孩子有意义的行为限制。比如，失望而生气的表情、连续几天禁止孩子看电视、禁止玩心爱的玩具或者要求孩子提前睡觉等。家长可以通过比较来发现哪一种办法更有说服力。

冷静对待孩子发脾气。孩子们大发脾气会导致父母产生很多种情绪：在公众面前因尴尬而羞愧、伤心、紧张甚至恐慌。

孩子们大发脾气的原因往往各不相同，因而差别往往很大：有的孩子因为点滴小事哭闹，是因为太累了或者生病了；有的孩子绝望地号啕大哭，可能是因为不会自己系鞋带；有的孩子情绪失控地大发雷霆，可能是因为你不让他在晚饭前吃巧克力。当你了解孩子为什么发脾气后，你就知道该如何应对了。

要让因为疲累而心烦意乱的孩子安静下来，你需要给予拥抱、安抚、给他读故事或者谈心，或者吸引他注意窗外五颜六色的花朵。这么做的目的在于教导孩子，即便是在他真的感到心烦意乱时，他也可以想办法平静下来。当你的孩子精疲力竭或者小题大做时，不要觉得"我被这孩子操纵"了。他只是需要你的协助，使他能够恢复平静。

当你的孩子因为做不好某件事而倍感挫折时，你应该理解他的怒气，就像是你在钉一幅图画时，不小心用铁锤砸到自己的大拇指上。人生难免有需要发泄情绪的时候！但是，如果孩子变得不守规矩、试图伤害别人或破坏东西，那么必须采取明确的限制。例如，如果孩子因为极度失望而朝你扔鞋子，毫无疑问，你应该采取措施加以制止。

当我们的同事因为无法弄明白新的电脑软件而牢骚抱怨时，我们中的大多数人会对此表示同情。那么，为什么对于刚学走路的幼儿和学龄前孩子，我们不可以给予同样的体谅呢？当孩子因为系不好鞋带，或者玩不了复杂的玩具时，请尝试用同理心去看待孩子的失望和怒气。然后，等他冷静下来之后，再问问他是否需要你的帮助。如果孩子不需要帮助，并且再次尝试着去做的话，那就站在旁边给他加油鼓劲吧！

当孩子因为你不给他想要的东西或不让他做想做的事而大发脾气时，你就应该采取严格的限制措施。大多数父母认为孩子这种发泄愤怒的方式最难处理，尤其是孩子的个性很强，而父母自己又对大声吵嚷或愤怒情绪过分敏感的时候。避免这种紧张状态的最有效方法，就是首先确信你同孩子之间存在着非常温馨、亲密及互相尊重的关系，然后给孩子提供多种机会支持他表达愤怒或失望的情感。对于孩子之前较为严重的犯规行为，比如伤害兄弟姊妹或恶意乱扔玩具等，一定要建立起对这些行为进行约束的记录。

对于孩子发脾气，父母首先要做的是承认事实："我知道你很生气，因为你没有得到想要的东西。"接下来，你最好顺其自然，一直到孩子的怒气消了并且可以同你沟通了——同你对话或者用手势交流而不是只会哭泣——再谈论为什么他觉得你不公平。如果你因为忍受不了孩子的胡闹，而对孩子大喊大叫、竭力维护你的立场、试图用妥协安抚孩子、"开玩笑"让他消气或者把他赶回房间去，都只会让孩子的怒气变本加厉。你要让孩子知道，如果他选择用话语（或肢体语言）告诉你他有多生气的话，你就会认真倾听的。如果孩子在发脾气时存在着自我伤害（咬伤或砸伤）、破坏东西或者伤害他人的倾向，你就必须迅速采取严厉的措施加以制止。用你的胳臂紧紧地抱住他，通常会相当管用。在这种情况下，你需要做好心理准备，有可能随时得面对一场真正的肉搏战！

一旦你采用"地板时间"和行为限制的管教方法，学龄前的孩子通常会变得态度温和并且愿意合作，尽管他的脾气偶尔可能会更为暴躁。要知道，任何一个孩子都不会轻易放弃抗议的机会。但只要假以时日，孩子的脾气自然会日益消减。

在限制孩子的行为时，也要教导新的应对策略。除了设定界限以外，家长还需要采取新的方法去应对孩子的需求，并且要让孩子感受到尊重，而不是让他们感觉受到羞辱。到孩子两岁的时候，你就可以通过对话教导孩子说出自己的想法。理智的思维比起只会喊叫、哭泣或噘嘴生气，可谓是前进了很大的一步。毕竟，那些都是幼儿早期才会有的一些行为特征。同样，当你花费二十分钟和三岁半的孩子辩论到底"多看一会儿电视"和"准时上床睡觉"哪一个更好时，你会教会孩子掌握复杂的感情推理。通过这种方式，让孩子明白你并不是一个容易对付的人；如果孩子无法成功说服你，你就仍然可以坚持要他准时睡觉。

当学龄前的孩子只是觊觎或者抢夺其他孩子的玩具时，

管教起来是相对容易的事。但想要搞清楚孩子到底需求什么，则比较困难。也许他之所以抢别人的玩具，是因为在紧张的家庭生活里他缺少安全感。孩子之所以有这种行为，很大的可能是想让自己感到重要并且得到尊重。在这种情况下，问题会变成："我该如何帮助孩子通过其他方法感到自豪和安全？我如何帮助他认识到这一点，即兴趣、技能、玩笑以及挫折和迷失，对于一个人的发展来说都很重要？"无论何时，只要你不得不对孩子采取设定界限的措施，那么可以确定的一点是，在与父母的关系、兄弟姐妹之间的关系上，要么是孩子的一些基本需求没有获得满足，要么就是孩子的个体发展方面出现了问题。

如果世上真的有什么关于设定界限的黄金法则，那么它可以简单总结为：更多给予，更多期望。我们给予孩子的爱和富有同理心的互动，毫无疑问会影响着孩子应对挑战的能力，影响着孩子满足父母要求的能力。

尽管听起来很简单，但对于我们中的很多人来说，要想做到上面这些并不容易。正如我之前所言，当父母对孩子感到失望时，他们很自然地会想逃避。面对孩子的无礼挑衅，为了克制自己的怒气，父母可能会选择退缩、回避或者干脆让自己忙起来以视而不见。甚至有时候一些父母可能会天真

> 当孩子觉得自己接受了父母足够多的"心灵鸡汤",并且父母立场坚定但态度温和地进行告诫时,他就会更加热心地回应父母的要求和期待。

地自言自语:"毕竟我已经为他做了这么多,他不至于再会胡闹了吧……"

在这种情况下,孩子不仅会感受到来自你的期望带来的压力,同时也会感到缺少应有的关爱。这很有可能让孩子感到生气及失望。如果孩子可以清楚地表达自己的困境,他很可能用类似的话语说:"什么?让我收拾玩具?你甚至不抱我、不安抚我,却叫我收拾玩具?"通常来说,当孩子觉得自己接受了父母足够多的"心灵鸡汤",并且父母立场坚定但态度温和地进行告诫时,他就会更加热心地回应父母的要求和期待——无论是收拾玩具、克制与同学争斗的倾向或者学会与别人分享东西。

要培养婴儿期和学龄前孩子的安全感,关键在于培养孩子的一些基本能力,包括懂得与人交往,表达和识别情感信号,运用肢体语言和概念解决问题,以及富于逻辑地进行思考。当孩子感到压力重重或者缺乏安全感时,父母不应让孩子落入好斗、退缩或大发脾气的境地,相反,应该尽可能地帮助孩子采取更好的途径去应对恐惧和焦虑。

第四章
小学时期的安全感

你不可能控制一个孩子头脑里的想法。因此,最好的对策是做出解释和表示理解,而不是争论。

小学阶段将为孩子提供很多发展能力的机会,这些能力有助于建立他们的安全感。如果孩子尚未掌握之前提到的那些基本技能,在小学时期,他们将不得不在面对新挑战的同时,继续学习之前未掌握的技能。在小学时期,孩子们将掌握三种基本能力。首先,我们会解释这些能力为什么能帮助孩子建立安全感。其次,我们会概述这个时期孩子的不安及苦恼的常见征兆,以及如何帮助他们克服这些困难。最后,对于这个年龄段的孩子,我们还将探讨一些使用"地板时间"的原则和方法。

> 孩子需要认识到，无论他多么努力地尝试与父母中的一个结成盟友，父母都会坚定地与对方保持一致。如果父母双方的婚姻陷入困境，任何试图强拉孩子靠向自己一边的行为，都会给孩子制造不必要的不安。

帮助孩子建立安全感和自信心的新能力

三角思考的能力 ▸

对于四岁半到七岁之间的孩子来说，什么事情都有可能发生。这个年龄段的孩子非常好奇、勇敢、喜欢表达意见，并且展现出对周围世界浓厚的兴趣。多数孩子都喜欢让自己成为被关注的焦点。他们想让所有的事情都变得有趣。只要是有趣的令人兴奋的事情，他们都很乐意去做。有些孩子会非常讨厌学习字母和数字，而另一些孩子对于学习上的挑战欣然接受。在这个年龄段，孩子的运动协调能力——投掷、踢打和跳跃等，会得到很大的提高。运动协调能力的提高，意味着他们可以自己系鞋带，学习写字母，画出正方形、三角形和菱形等图案。

正如你可能知道的那样，这个阶段一般称为"恋母情结"时期：男孩喜欢亲近母亲，而女孩喜欢亲近父亲。他们会对同性的父母充满很强的敌意，对异性的父母却怀着很深的喜爱。不太为人知道的是，这阶段的孩子会陷入一种新型的关系：三角关系。母亲和父亲的角色不再像他们小的时候那样，可以互相替换。为此，孩子会采取可能的敌对和阴谋。小男孩可能渴望吸引母亲的关爱而排斥父亲，他会说："爸爸，走开！"而不久之后，这种角色有可能会发生转变。孩子的这种行为会让父母感到无所适从。但由此我们可以看出，孩子已经逐渐懂得更加复杂的人际关系。这种三角关系给了孩子更大的情感表现空间，而孩子与父母之间已经不再是一对一的关系。孩子不会再用简单的观点去看待与父母的关系。如果母亲偶尔有点疏远女儿，女儿会去找父亲，以让母亲吃醋，而不是像以前一样只会无助地哭泣。或者如果父亲这时候让她为之倾倒，她会假装忽视他，故作姿态地待在母亲身旁，等着父亲来赢取她的欢心。这一时期，可能是需要父母重新调整关系的平衡时期。例如，一个做父亲的，无论多忙都要尽量抽出更多的时间陪伴孩子，好让孩子有两个成人可以依靠。

用三角关系的观点看待世界，可以缓冲孩子紧张的情绪，并在他们做出选择的同时提供安全感。举例来说，如果一个男孩生母亲的气，他可以表达自己的愤怒而不用担心会被抛弃（他很早以前也许担心过）。而现在，他可以想象自己和父亲是亲密的战友，正在一起从事男人的冒险活动。事实上，很明显的是，这个年龄的小男孩并没有准备好放手母亲，但至少他已经具有了灵活的思维能力，并且能够基于与父母的三角关系演出不同的戏剧。在一个典型的家庭中，孩子们一般会比较依赖母亲，但现实需要他们更加独立。通过更多地依赖父亲，小男孩会在获得安全感的同时，可以更加自由地探索尝试。与父亲结盟也有助于缓冲孩子对母亲的过分依赖。当然，在双亲家庭里培养三角关系比较容易，但是在单亲家庭中，孩子们依旧可以学习去寻找、尝试建立三角关系。例如，他们可以找诸如兄弟姊妹、朋友、老师或单身父母的新欢去建立三角关系。

TIPS

小学时期发展出的新能力

☆ 三角思考的能力

☆ 能用相对的观点来看待情感和人际关系

☆ 形成以自我感受为依据的内在认知

在这个阶段，父母最重要的任务是巩固他们的基础联盟。孩子需要认识到，无论他多么努力地尝试与父母中的一个结成盟友，父母都会坚定地与对方保持一致。如果父母双方的婚姻陷入困境，任何试图强拉孩子靠向自己一边的行为，都会给孩子制造不必要的不安。

相同的模式也会出现在孩子与朋友的关系中,无论这友谊是真实的或是想象中的。例如,一个五岁的孩子可能有两个假想的朋友可供自己指使——他仲裁他们的打斗、纠正他们的餐桌礼仪,并且决定轮到谁与母亲或父亲一起乘车出游。假想的朋友可以满足孩子的一些愿望,假想的朋友扮演着他忠诚的追随者,或是需要他保护的弱者。真实的朋友,同样可以吸收一个孩子对父母的依赖之情。他可能想要一个随时都能看见的朋友,并且可以时常和他聊天,仿佛一生都会拥有这份友情。

在小学最初的几年,孩子们可能依旧沉迷于幻想世界并且完全陶醉其中,但他们已能分清现实与幻想的不同。尽管他们很容易被卡通节目吸引,但他们很可能明白这些是不会发生在真实世界中的。

同样,在这个时期,孩子们会感到害怕。对力量的新认知以及丰富的幻想,会很容易让他们感到恐惧。他们可能担心鬼怪和巫婆躲在床底下,或者他们会被强盗绑架。尽管他们对现实的理解能力不断增强,但脑海中依旧保有一个相信魔法的小岛。他们会想:"巫婆可能是真的存在的。我不认为她们是真的，但也可能的确是真的。"

和他们在家里的大方表现相比，这个年龄的孩子在新的环境中可能会显得腼腆和害羞。五岁的孩子可能在家里显得很勇敢，一旦到了新的环境里，常常会紧黏着父母，甚至在新的环境里难以入眠。对此，很多父母都很惊讶。

如果一切顺利，孩子们将在这个阶段发展出相应的能力，可以让他们在面对新的挑战时充满自信。这个年龄的孩子已经能够掌握更复杂的人际关系，因而在表现上会更加情绪稳定。他们开始发展出更像"成人"的情绪，例如会有罪恶感或同理心（尽管在感到嫉妒或竞争压力时，他们很容易丧失同理心）。而且他们也能体验和表达更广泛的情感，表演充满情感的戏剧——关于依赖、敌对、愤怒或者喜爱。这些能力都将使孩子更有安全感地走出家门，迈向外面宽广的世界。

总之，在这个阶段，复杂的三角思考能力，能帮助孩子在一些重要的方面建立安全感。首要的是它能够让孩子变得自信，能够巩固孩子之前对世界施加影响的体验。这会让孩子形成积极、乐观的态度，并鼓舞他们找到解决问题的办法。而更加精密的思考能力，则给孩子提供了解决问题的办法，而不是冲父母喊叫甚至动手打人。在充满压力和不确定的世界里，使用更复杂的眼光看待世界的能力，对于一个孩子评估自己所处的地位来说至关重要。

帮助孩子培养更复杂的思考能力，关键之道在于通过探讨寻找问题的多种解释。当孩子试图自行其是地去操控别人时，如果你拥有一个灵活的家庭处理模式，你就不会为此感到难受。当孩子选择应对问题而不是大发脾气时，父母应该赞赏这种更好的处理问题的方式。当孩子试图操控时，不要屈服，但你仍然可以欣赏孩子的某些聪明和狡黠的行为。比如说，当孩子想要获得额外的圣诞节礼物时，他会谈论说他的朋友们都得到了非常好的礼物。尽管这种方式并不高明，甚至会让父母感到负罪感，但这远比吵闹个不停好多了。父母应该"欣赏"孩子们聪明的招数，因为这将鼓舞他们用积极的心态面对这个复杂的世界。

用相对的观点来看待情感和人际关系

到了七八岁时，孩子开始从以家庭为中心的发展阶段，转向建立伙伴关系的发展阶段。他们从家中的三角关系，转向与伙伴建立关系的多面世界，并热衷于参加"游戏场政治"。

孩子们的很多新技能是在这个阶段得以发展的。他们的运动协调能力也进一步得以增强——比如跳绳、扔球、接球，然后再精准地将球掷回对方。他们的书写会变得更加流利，并且可以画出比例更加准确的人像图画。他们理解许多相互关联的想法、观念，并且能更清楚地与人沟通他们的愿望、需求和想象。这个时期，他们已经能够分门别类地看待数目、形状、友谊等事物。

在这个阶段，孩子们丰富的幻想世界将逐渐褪色，他们更愿意假扮警察控制坏人，而不是扮演忍者神龟去拯救世界。他们不再那么好高骛远和夸大其词，相反，会将精力集中在掌握之前已经学习过的技能上。

孩子们开始通过群体的反映来定义自我形象，而不再是仅凭父母的评价。比如在游乐场，自己如何被按照长幼尊卑排序，会让孩子知道自我形象究竟如何。从运动能力到受欢迎程度、长相、智力和穿着，孩子们几乎在每一件事情上都会和其他小朋友进行比较。在这个年纪，孩子可以非常准确地告诉你，谁最善解人意、谁最会说谎、谁跑得最快，以及谁最受欢迎。

但是，所有这一切并不意味着孩子觉得不受父母的疼爱或重视。他们已经开始重新认识现实世界。他们可能不太受欢迎，尽管父母对他们疼爱有加。他们会考虑朋友的想法，并据此判断自己在群体中的地位，而他们的自尊也会相应地有所起伏。尽管父母常常竭尽所能地安慰孩子，夸他们是可爱迷人的心肝宝贝，但孩子仍会感受到人生的诸多挫折。比如，当一个孩子没有被邀请参加朋友的生日宴会时，总会感到有些难过。

要想在错综复杂的人际关系中成功地与人交涉，这个时期的孩子必须学习更复杂的推理能力。这种能力帮助孩子发展认知和社交技巧，无论在学校内外都非常有价值，因为他们终究要面对社交关系不断改变的世界。生活中大部分事情都在灰色地带运作，而不是处于"要么全有要么全无"的极端。孩子们开始用相对的观点来看待情感和人际关系。他可能对某个朋友非常生气，却仍旧期待能被邀请去朋友家里做客。知道用相对及更复杂的观点看待世事的能力，可以帮助孩子在学业上取得进步，更好地掌握数学概念和文学主旨等。这个时候，孩子们已经学会与人交往的礼仪。例如，他们开始学会遵循联盟棒球队或其他足球队的规矩等。

尽管心智上更为成熟，但许多孩子依旧无法从容地接受失望或失去。尽管他们无法接受朋友不喜欢他们的事实，但最后只能学着慢慢接受，并转而与其他人交往。可是，他们的内心却总是难以释怀，并且将这看作是个人的失败。

为了让自己的生活更有意义，让自己在其中更有安全感，大一些的孩子会变得在某些方面过于严格和呆板（例如，总是把鞋子和书籍摆放得整整齐齐），而在其他方面过于懒散（例如，书写潦草或饮食习惯不好）。同时，孩子也会有新的忧虑，如不切实际地评价自己的外貌，以致觉得自己很丑或没有吸引力（如，"我的鼻子太大"或"我的头发太卷了"）。

这个时期，孩子之间的竞争也非常紧张。他们之间的游戏往往会非常严肃（"你作弊，我看出来了！"）。除了自己，孩子们可能无法忍受任何人改变游戏规则，并且对于输赢非常在乎。在这个阶段，孩子们最害怕的就是受到羞辱、丧失自尊及遭人非议。

学龄期的孩子慢慢地会知道自己在团体中，甚至在更大的群体中的地位。灰色地带的思考以及在"游戏场政治"里获得的新体验，有助于培养孩子懂得分辨世事的复杂和多重因素。这使得他们有能力应付更复杂的问题，并有助于他们在进入社会时保持自信。

同时，了解情感各种层面的能力，也有助于孩子发展更稳定的人际关系，并能帮助他们更加积极地运用这些关系。孩子能够看出有些人只能偶尔满足其需求，有些人则总能满足他们的需求。他可以理解人际关系如何运作，以及什么样的困难可以寻求什么样的帮助。一个有安全感的人知道如何认识世界，也了解情绪和人际关系如何发挥作用。当孩子缺乏这些能力时，就会有诸多不安与之相随。如果不能理解复杂的校园人际关系，也不知道究竟该对同学作何期待，他可能在朋友关系上会遭遇很多困难。如果遭到别人的无视，或者对友好的人期望过高，都会让他感到心烦意乱。因为看上去的恶行，也许只是无意为之；看上去的好意，也许是别人故意在背后操纵。面对这些情景，孩子们不会有安全感，他们会不断地因为期望落空而大失所望。

那些不理解情感灰色地带的孩子，往往会变得思维偏执，容易走极端。这会严重影响他们对真实世界的了解，甚至让他们变得认为每一个人都憎恨自己或者所有的学校都是危险的地方。

父母如果能在思考问题时经常考虑到事情的复杂性，并能要求孩子更清楚地表达他们的情感，就可以帮助孩子在这个阶段获得更好的发展。"你很希望得到特殊的生日礼物吗？"父母在家中有很多这样的机会可以和孩子进行讨论。但是，大部分灰色地带的思维，是通过全家人在共同处理情感的方式上得以反映的。孩子是一切都好还是一无是处，或者孩子只是有一点无礼放肆？这需要认真思考。如果一个家庭经常倾向于"要么全有要么全无"的思考模式，那么这个家庭的孩子一定会在这个时期过得相当辛苦。

内在的标准和日益增长的自我感知 ▶

十至十二岁的孩子，开始发展一种更为连续的自我感知。随后，他们又逐渐发展出对自我形象的内在认知，并且这种认知以自己的感受为依据，而不再是以别人如何看待他们为依据。他们开始设定自己的目标，塑造自己的价值观，并且不再因为当下的事情受太多的影响。当他们能够做到这些的时候，我们将会看到，孩子们会变得越来越有安全感。

孩子对自我的内在认知，来自生活中与家人、朋友、老师及周围的人之间的互动。他们越来越懂得用相对的观点来看待一切，这种能力让他们坚定了内心里对自我的看法，即便是受到同龄人的打击，也无损他们对自己的认知。在他们眼中，同时有两种现实：同龄人群体中的现实，和他们内心逐渐显现的关于价值观和态度的现实。而这两种内在的价值观（如"我不应该刻薄"）和未来目标（如"将来我想当一名老师"），都是在这个时期慢慢形成的。

这些内在的标准有助于增强和稳固孩子在这个阶段的自

尊心，从而使他们更能以放眼未来的姿态看待人生。例如，"也许我不是最好的球员，但我依旧是球队里的重要成员"。

在体格方面，孩子们已经可以从事那些需要体能、肌肉协调和熟练的手眼配合的运动项目（包括需要知觉的运动技能），如篮球、足球和网球等。他们的书写也日益流利，并且能够做一些复杂的手工，如拆解东西或使用螺丝刀。

当孩子们逐渐迈入青春期时，身体上的快速变化可能影响他们在学校的表现。先前颇具天赋的学生可能突然变得健忘。另外，原先被诊断有学习障碍的孩子却在学习成绩上突飞猛进，不时地得到 A 或 B 的高分，这部分得益于他们的神经系统已渐趋成熟。涂抹口红、讲荤段子、偷看情色电影、在异性面前越来越羞涩，这些都是孩子进入青春期的征兆。面对身体和性征的改变，他们既感到渴望又感到害怕。当孩子发育到性成熟时，会对他们的角色榜样产生日益浓厚的兴趣，并且会（至少会维持一段时间）和同性的父母保持很亲近的关系。这个阶段，正是父亲和儿子、母亲和女儿可以发展特别亲近关系的时期。与此同时，十到十二岁的孩子会非常不情愿批评他们的角色榜样。

快要进入青春期的那几年，会让孩子们感到害怕，他们开始考虑如何享受家庭之外更多的独立。遭受着两种强烈的情绪驱使，他们一方面想保留渴望亲密关系的童年，另一方面又想赶快长大成人。有时候，他们看起来很大胆、傲慢（冲家长嚷嚷"谁需要你？"），有时候又很黏人，显得很没有安全感。只有当他们日益坚定对自己的认知时，他们的情绪才能变得更加稳定。缺少这种稳固的自我认知，孩子们将变得更加依赖父母，或者为了否认自己的依赖性而铤而走险，变得更加叛逆。

在这个年龄阶段，与其说孩子们面对的挑战是学会独立或与异性交往，倒不如说是他们更关注自己的身体：女孩子可能抱怨肚子痛或头痛，男孩子可能注意自己阴茎的大小或肌肉是否结实。而有关于身体方面的负面感受，对他们来说是再正常不过的事情。

在迈入青春期之前，孩子们已经开始发展同理心，亦即设身处地为别人着想的能力。对于遭受拒绝或感到受伤的朋友，他们更懂得去表达同情；对于失去和挫折，他们会更加敏感，并且会像成人一样感到哀伤。要知道，在这之前，遇到朋友搬家或祖父母过世，孩子们只会在偶尔提及时才表示难过。但现在，一旦发生这类事情，他们往往会感到很难过。

新的认知能力促使孩子更加自主地决定自己的行动，而不是由于朋友或家人的鼓动（他们会说"我想考出好成绩，以便能上大学"，而不是"我妈妈说，今晚我得做数学作业，否则就会有麻烦"。）孩子们开始依靠良心提供更多道德的指引，而不再是父母无所不在的监视。他会自我反省说："我没有努力学习，而且对最好的朋友也很刻薄。"他们更加关注事情的是非对错，并且对一些社会问题，比如某人受到不公对待之类的，往往产生浓厚的兴趣。他们更有能力理解及遵守规矩，而不需要别人的指导。与此同时，对这个阶段的孩子来说，要想找个理由为自己辩解似乎也更加容易。因为对是非对错的更多关注，已经让他们具备了更加复杂的推理能力。例如，当孩子因为无视规则而遭受责备时，他会辩解说："成人们对这件事太认真了，有时需要放轻松一点嘛！"

这个阶段发展的内在标准，对孩子安全感的形成是很必要的。这个时期的孩子可以同时应付两个世界——不断变化的外在世界以及相对稳定的内心世界。孩子内心的安全感与自我形象关系密切，这个形象不再只是零碎的片断，而是整合为一体的。"我有些事擅长，有些事不擅长。但只要是好的新事物，我都喜欢学习。"孩子已经可以看出来哪些同学喜欢自己，哪些同学不喜欢自己，尽管他不会说出来。这种内在的自我认知，会在很多方面让孩子具有安全感，无论是学校的功课、同学或者是家庭生活。内在的认知也是他们应对青春期及成年期复杂问题的基本能力要素。这种自我认知，实际上也是建立在之前获得的安全感基础之上的。

当这种内在标准还没有建立起来时，孩子很容易因为人际关系的变化而受伤。因为没有内在的标准可用来估量外界的诱惑，孩子们会变得非常脆弱，容易随波逐流，做一些明知不讨父母欢心，甚至自己也难以认同的事。当安全感来自别人的接纳时，孩子的内在标准就会不时地发生改变，进而变得更加脆弱。我们都需要通过外界的肯定来建立一些安全感，这个年纪的孩子也一样。但是，拥有内在标准的孩子将会拥有更健康的安全感。这种安全感会给他们某种程度的安定性，而这是其他没有内在标准的孩子所无法体会的。

小学时期孩子不安的征兆以及父母可以帮助的途径

小学时期的孩子，也有许多共同的苦恼征兆。在认识这些征兆的同时，我们也会提供一些方法，帮助孩子们将苦恼不要批评孩子或坚持跟他讲道理，而要态度温和、怀着同理心去倾听孩子的心声。并且，尽可能地帮助孩子分析为什么由一件事说到另一件事的原因所在。

转化为新的能力和技能。

过分害怕和忧虑

与学龄前的孩子相比，学龄期的孩子更容易害怕和忧虑，这是因为他们更能理解从电视或报纸上看到的危险，或无意中听到父母谈论的可怕的事情。这些危险对他们来说不再是过眼烟云，就像学龄前孩子想的那样，反倒成了他们可以跟踪关注甚至检验的东西。然而，对于危险有没有可能发生在他们身上，这个年龄的孩子尚无法做出判断。这种能力要到青春期时才会发展出来。他们知道的太多了，却没有相应的能力去应付这些问题或危险。对于敏感和焦虑的孩子来说，这种情况有时会导致严重的忧虑，以至于需要父母或其他人帮助。例如，这样的孩子可能会一整天忧虑父母出门在外是否安全。有时，过度害怕和忧虑可能导致孩子做噩梦、害怕就寝、不敢独自睡觉、担心被绑架，或有坏人会来伤害他们一家人。这些恐惧看上去似乎与孩子的苦恼并无关系。

对于过分害怕的孩子，父母应多管齐下。父母可以提供额外的安全和保护、额外的温暖和关怀、额外的时间和机会让孩子表达情感。并且，最重要的是，他们还可以提供一些机会让孩子学习去帮助他人，这对他们来说能起到很好的安慰作用。一个过分害怕的孩子有可能很不自信，经常害怕遭受别人的欺负。提供额外的练习机会，无论是打电话邀请伙伴还是同兄弟姐妹辩论某个问题，都可以培养孩子更加自信。而学着帮助他人——安抚婴儿、写信慰问失去亲人的朋友、陪伴动物或者帮助身体虚弱的老人递送东西，对孩子来说都会非常有益。

过分忧伤或抑郁

　　一时的或者长期的压力都可能让孩子变得闷闷不乐，甚至进而转为抑郁。孩子可能会觉得什么事情都做不好，或者感觉自己实在很差劲。轻微的抑郁，会导致孩子什么都不想做。但是，也有一些罕见的例子，有的孩子声称真希望自己没有出生，甚至企图自我戕害。

　　当一个孩子显露出抑郁的征兆时，父母可以采用我们在上一节里提到的那些方法：安抚、事实上的安慰、提供情感宣泄和训练自信的机会。当孩子因为具体的情况感到难过时，争论说这种难过不合逻辑并没有什么帮助作用。父母最好认真倾听孩子，对他们的遭遇表示同情，并尽可能地为他们提供参考性的建议。记住，你不可能控制一个孩子头脑里的想法。因此，最好的对策是做出解释和表示理解，而不是争论。如果孩子的忧伤或抑郁日益严重甚至走向极端，再或者孩子对于父母的帮助毫无反应，那父母就要向专业的人士寻求咨询帮助。

在学习和纪律方面存在的问题 ▶

很多孩子在面对压力时，往往发现他们很难应付有挑战的事情。对很多孩子来说，学校是比家庭更具挑战性的地方。学校需要他们每天乖乖地坐上好几个小时，集中精力学习新的并且有时会很难的功课，同时还要遵守规矩。而且，学校的规矩远比家里的规矩多。在这种情况下，孩子很容易在学习和遵守纪律方面出现问题。如果孩子的行为突然发生改变，例如突然之间不愿学习，或原本很守规矩的孩子突然变得顽皮捣蛋，家长就应该意识到孩子最近肯定遇到了某种压力。另外，家长也要清楚地区分不同的情况，"在学校长期有问题"与"暂时的行为改变"并不一样。

在第一章，我们概括了一些帮助孩子建立安全感的基本方法。除此之外，如果能让孩子感受到父母和老师都在为之努力，那么对孩子的帮助会更大。这可能意味着需要给孩子更多的时间去完成作业，因为他可能由于心不在焉而缺乏效率；也可能意味着要暂时减少作业量或降低对成绩的要求，好让孩子卸掉包袱以轻松应对；还可能意味着提供态度温和的支持，帮助孩子注意或控制自己的行为。这个思路，实际上就是要避免让孩子产生一种挫败的感觉。一旦孩子能冷静下来，按照之前的进度学习，他就可以渐渐适应学校的挑战。相比较有些家长苛刻以求的做法，即坚持要孩子负担和以前一样重的课业，这种方法可能更加有效。

那些有着长期的学习或行为问题的孩子，在面临压力时情况可能会更加糟糕，因而上面的原则同样可以适用。当然这有一个前提，就是孩子对于自己的问题已经有了深刻的认识，并且准备采取措施进行改善。[请参看我之前的两本书：《充满挑战的孩子》(*The Challenging Child*)和《有特殊需要的孩子》(*The Child with Special Needs*)]当孩子们看到自己在不断进步时，他们就会更有安全感。

过分依赖群体

我们大多认为青少年具有更加典型的群体依赖倾向，但实际上，这种倾向从小学就已经开始了。有些孩子很少自己去判断对错，只想凡事和别人一样。他们想穿和别人一样的衣服，拥有和别人一样的书包。九到十二岁的孩子，尤其容易这样。一些孩子则更为极端，似乎完全不知道自己到底想要什么，不管什么事情都随波逐流。有的孩子会因此而变得粗野无礼，因为其他的孩子也粗野无礼；有的孩子会变得爱发脾气，只是因为自己的发型或服饰没有和别人一样。从实质上讲，这样的孩子是想通过寻求团体归属感，来增强自己的安全感。如同有些孩子在这段时间会过于依赖父母或者黏人一样，另一些孩子则越来越依赖他们的同龄人。在他们的眼中，同龄人似乎就是他们的"安乐毯"。

当这种情况比较严重时，父母就要介入孩子的生活，通过"地板时间"和问题探讨，同时设定礼貌而坚定的界限，去帮助孩子改善行为。只有这样，孩子才会在父母身上找到更多的安全感，也才能在他们的生活中找到更多的平衡。与父母的亲密感，将会使孩子愿意敞开心扉，谈论内心之所以让他们过于依赖群体的恐惧或焦虑。

极端地以自我为中心并且颐指气使 ▶

所有的孩子或多或少都会以自我为中心，至少有时是这样。但是有些孩子总是坚持什么事都要听他们的，他们想控制一切。比如，朋友如何玩他们的玩具、兄弟姐妹中谁可以更长时间地黏着父母，以及自己应该得到多少点心等等。长此以往，孩子将不懂得体谅别人的感受。

孩子们经常以自我为中心，是想以此来安慰自己一切都好。换句话说，孩子之所以将注意力集中在"我！我！我！"上，是因为他们不愿意承认自己的脆弱。他们的行为本身就像是在说："如果能获得所有人的注意，并且得到想吃的东西和玩具，我就不会觉得自己可能会失去一切，也不会感觉那么脆弱。"

对于以这种方式回应压力的孩子，重要的是帮助他明白，那样做其实是在逃避自己的脆弱。要帮助孩子认识到这一点，我们必须花费时日。通常，父母需要花更多的时间和孩子相处，并且要态度温和地限制孩子的某些行为，也需要帮助孩子了解脆弱或害怕与唯我独尊的关系。比如下面这个例子："每次我们谈到坠机事件时，你都会要求额外的糖果。吃了糖果，的确会让你感到好受一些。但害怕的感受并不能得以消除。我理解你的感受，但有时我们的确需要谈一谈害怕的事情！"当然，这样的对话需要一个前提，那就是父母与孩子之间充满温情、关系融洽，并且父母对于孩子的不好行为会设定限制。

认为所有的事情都针对自己 ▶

有些孩子在午餐排队时，常常会把别人正常的触碰当成别人故意找碴儿。这些孩子会把任何不舒服的体验都个人化，总是觉得别人有意针对自己。这样的孩子更有可能担心从报纸或电视上看到的危险，会伤害到他们以及父母。

在帮助这类孩子时，重要的是搞清楚这是否是他面对压力时的应激反应，还是他长期以来不断强化的结果。无论是哪一种情况，家长都要帮助孩子认识到：每个人都可能遭遇可怕的事，我们也都会担忧。但是世界上有很多很多人，不好的事情不是每个人都会遇到的。要帮助这样的孩子，父母还必须让他学会了解别人的观点和需要。孩子们需要超越自我，要明白他们并不是世界上的唯一，每个人都会担忧可怕的坏事，并且我们也会彼此关照。当然了，要让孩子理解这些，需要一个渐进的过程。

极端和刻板的想法 ▶

正如我们之前所谈到的，学龄期的孩子通常一开始采取"要么全好要么全坏"的观点来看待世界，随后逐渐认识到思维存在着灰色地带。思想刻板极端的孩子会觉得所有的人不是爱他们，就是恨他们。他们要么认为自己绝顶聪明，要

郭璟怡 7 岁

么就认为自己极其愚笨。换句话说，他们的情绪往往从一个极端转到另一个极端。有些孩子，在面临突然的压力或持续的焦虑时，会陷入这种极端的思维模式，或者比他们冷静时更常这样想。当一个孩子已经懂得了思维存在着灰色地带，却倒退到极端、刻板的思考模式时，他可能是遭受了很大的压力和焦虑。实际上，学会用简单的眼光看待世界，是解决这类问题的途径之一。

在这种情况下，重要的是家长首先怀着同理心倾听孩子，帮助孩子表达内心的害怕，然后再具体入微地探究孩子的想法。父母一定要耐心，并且帮助孩子清楚地表达自己的感受。比如说，询问孩子今天的感受和昨天或者前天相比有何不同。这种方式会鼓励孩子学会比较，同时了解灰色地带的思考："哦，我今天并没有昨天那么生气"或"我今天甚至比昨天更生气"。同时，采用微妙的方式在家中探讨感受，并让全家人都参与进来，这有助于孩子全面地了解自己的情感和思维。

支离破碎的思维

当一个孩子谈话时逻辑混乱、前言不搭后语时，很有可能她脑子里的想法本身就十分凌乱。她可能在说话时从一个主题跳到另一个主题，不仅缺乏完整的思路，而且前后的主题似乎毫无联系。逻辑清楚的孩子会这样说:"这个卡通人物真有趣。哦,他让我想起汤姆叔叔,他也有一顶红色的帽子。"相反,逻辑不清的孩子刚提及一个卡通人物,然后又转而谈另一个电视人物,最后又说想吃晚餐等等。这种支离破碎的思维,有时候说明孩子的思考能力还没有提高,就像小学生刚开始学习写字时,往往会跳来跳去。但是对于一个具有逻辑思维并能连贯思考问题的孩子来说,发生这种思维支离破碎的情况,很可能说明孩子遭受了极大的压力或焦虑。

在这里,我想再次强调一点,不要批评孩子或坚持跟他讲道理,而要态度温和、怀着同理心去倾听孩子的心声。并且,尽可能地帮助孩子分析为什么由一件事说到另一件事的原因所在。例如,你可以充满好奇地说:"天啊,我努力地去听,但我还是有点不大懂。你刚刚提到青蛙,现在又提到爆米花,这两种东西有什么联系?"类似这种简单的问题,会给孩子的思考提供一个框架,可以让他在与人沟通时更加逻辑清楚、前后连贯。对于遭遇压力的孩子来说,提供机会让他们表达感受无疑非常重要。在了解了他们到底为何担忧时,我们就可以根据情况提供相应的帮助,以让他们获得安全感。

如果有相当长一段时间孩子的思维是支离破碎的话,父母就有必要寻求专业的心理咨询专家进行帮助,以明确是否还有其他原因。有时候，当孩子在处理信息时存在障碍，比如听不懂某些声音、词汇或看不懂某些事物时，思维就会更加凌乱，并且显得更加脆弱。如果遇到强大的压力或让他们焦虑的问题，这种情况自然会更加严重。

躲入幻想的世界

像学龄前的孩子一样，学龄期的孩子也很喜欢躲入幻想的世界。例如一个九岁的孩子，如果某一门成绩很差而心生害怕，或者与家人发生了冲突，他就可能会故意装疯卖傻。如果身边正好有可以玩耍的东西，他就会旁若无人地玩起来，与不同的玩偶、角色或机器人说话。通过打骂玩偶，或者陶醉在自己的幻想世界中，孩子可以释放自己的压力。当然，对孩子来说，有时间表达自己的幻想内容固然重要，父母也应该鼓励孩子这样做，但我们也要帮助孩子回到现实。如果孩子利用幻想逃避现实世界中遇到的难题，那么有计划地逐步同孩子讨论他所逃避的问题，就是相当有必要的。

这种时候，最好的策略是给孩子提供尽可能的支持和关爱。将孩子的注意力转移到一些有挑战性的问题上来，然后给他一定的空间允许他躲入幻想的世界里（孩子不会很轻易放弃）。父母可以加入到孩子的幻想游戏中，让孩子感觉到你们的支持。然后在合适的时候，父母可以逐渐将孩子的注意力转移到他们试图逃避的问题上。当孩子一旦开始审视自己看待问题的方式时，与其进行实事求是的讨论，就会变得越来越容易。有些孩子即便是没有直接的压力，也会躲进幻想的世界里，而另一些孩子只有在遇到困难时才会这样。对于那些没有直接的压力或者困难但总喜欢躲进幻想世界的孩子，家长需要花费更长时间和更多努力，才能把他们带回到真实世界里。

否认自己的感受 ▶

表达感受是我们与人沟通和看待自我与他人的一种重要途径。所以，当一个孩子因为感觉到害怕而封闭自己的情感时，他所放弃的远比他认识到的更多。学龄期的孩子往往会否认自己的感受，或者为不舒服的感受寻找借口。当大家谈论起可怕的事情时，他们可能只是简单地表示说自己很好，并且试图不去想别人都在关注的可怕的事。比如，他们会这样说："请不要理我，让我自己玩一会儿电脑游戏。"

在这种情况下，父母不要向孩子施加压力，也不要坚持让孩子承认自己的感受。相反，父母可以通过陪孩子一起逛街，寻找机会进入孩子的内心世界。当你和孩子谈论他们感兴趣的事情时，你就会离孩子的情感世界越来越近。久而久之，孩子就会向你透露更多内心的感受。比如当你陪孩子玩电脑游戏时，一开始孩子可能认为你的水平很糟糕，还准备给你进行指导。如果你允许孩子展示自己的水平，并且按照他的要求去做，就会让孩子更加自信，从而获得安全感。随后，当你们谈论最近让人感到害怕的事情时，孩子很可能就会打开心扉并表达自己的感受，至少会透露一些端倪。对于倾向于否认自己感受的孩子，这是一个逐渐的过程，需要家人的支持与呵护。同时，父母还需要提供与孩子享受亲密关系的机会，并且重要的一点是在与他玩耍的时候，一定按照孩子的方式进行。

限制自己的情感范围 ▶

许多孩子不会否认或封闭情感，却会限制自己的情感范围。例如，表现出喜爱，但缺少温情，或者表达了愤怒，而缺少同情。对一个受伤的朋友，他们可能很有同理心，但是对于自己的竞争对手，则不会如此。此时，我们之前所述的互动方式同样会有很大的用处。当你创造了一个舒适、安全的环境时，你就可以逐渐地扩展和孩子的对话与互动。

身体上的不适症状 ▶

像学龄前的孩子一样，学龄期孩子的恐惧和焦虑也会转化为身体症状，例如胃痛或头痛。解决问题的关键在于不要陷入争论或指责孩子病由心生。事实上，这些身体上的症状对孩子而言是真实存在的。尽管孩子起初的压力可能来自心理层面，但一旦出现这种情况，孩子们会真的觉得身体不舒服。

此时最好的办法就是要给孩子提供宣泄情感的机会，而不是让孩子进一步压抑自己的感受。父母应该帮助孩子去认同、表达及释放各种类型的情感。这样会引导孩子说出自己的压力。父母要认可孩子对自己身体症状的描述，同时仔细倾听孩子说的话并从中寻找线索。比如孩子说："我肚子疼的好像被人打了似的。"这也许暗指有人对他比较刻薄或有所冒犯。再比如孩子说："我感觉好像有六个人坐在我的头上。"这可能意味着父母或老师给了孩子过多的压力。

冲动和混乱的行为 ▶

一个比较普遍的现象是，有些孩子在焦虑或者感到挫败时会变得行为冲动、毫无章法，那些生性活跃而且果敢自信的孩子尤其如此。当他们感到害怕时，不是变得谨言慎行，而是言语冲动，行为混乱。有些孩子可能对兄弟姐妹采取侵

父母应该帮助孩子去认同、表达及释放各种类型的情感。

犯行为,比如推搡、咬人、冲撞以及伤害;另一些孩子,可能表现为在游戏时蛮横霸道;还有一些孩子表现为在班里调皮捣蛋:不该站起来的时候站起来,还没轮到他们说话的时候说话,以及拒绝排队等等。尽管这些形式各不相同,但这些孩子的行为具有共同的特征,就是行为冲动。

孩子的这种行为问题如果不是因为遇到了什么新的压力,那么家长就需要对孩子的情况进行全面的评估,看看是否有其他潜在的原因,诸如孩子在制订计划和采取行动时是否存在问题,或者孩子的注意力、语言、视觉及空间的思考能力是否存在问题。有时候,这些状况与孩子的感觉阈限比较低有关。有些孩子很容易感受到疼痛和其他感觉,因而他们会不断地寻求更多的感觉体验。家长通过评估,可以更加全面准确地了解孩子的状况。当父母了解孩子的行为时,应该态度和蔼地帮助孩子说出自己的感受,并确认自己的行为。同样,下面的两种方法也会很有用:给孩子设立坚定而礼貌的行为限制;与孩子一起玩行为调适游戏(即任何足以改变孩子行为的活动),就像之前我们对学龄前孩子采用的那些游戏一样。

对于遭遇到一定的压力就变得行为冲动的孩子来说,上面所谈到的这些方法也会很管用，但在实施时，请注意不要时间过长或过于严格。家长可以认真观察这些方法的不同到底对孩子有多少用。另外，和孩子一起探讨问题解决之道，商量如何应对未来的挑战，都是很有用的策略。

被动和无助

学龄期的孩子在遇到问题时，不是黏着父母，而是表现得很无助。他们会很轻易地选择放弃，然后接着寻找自己完不成的新任务和挑战。对于这样的孩子，父母可以让他们多做一些家务，或者参加一些能从中获得乐趣的活动，例如与伙伴邀约外出或者培养自己的某种兴趣爱好。

如果孩子之前并不是一遇到问题就退缩的话，那么这就很可能是孩子遇到压力或焦虑的征兆。被动和无助，是孩子们应对害怕的一种方式。通常，他们总希望有其他人能把一切事情都处理好。

无论这种行为模式是长期性的，还是由于压力造成的，孩子们都需要逐渐学会变得更加果敢。这可以从很小的家庭互动开始，父母可以帮助孩子主导他们能应对的事情。比如孩子在做作业时遇到难题，鼓励孩子先自己动脑筋，然后父母再进行帮助。父母也可以要求孩子把袜子放进抽屉里，再要求他们收拾房间的杂物。家长应该从很小的事情开始训练，鼓励和培养孩子的积极性。当然了，对于这类问题，非常重要的是首先要营造一种安全温馨的家庭氛围。

封锁情绪 ▶

在面对压力时，和幼儿一样，学龄期的孩子也可能变得压抑，不愿意表达情绪，甚至也没有多少肢体语言。孩子们变得难以理解，看上去经常面无表情，似乎情感已经冰封。这些状况既可能是孩子遭受长期压力的征兆，也可能是由于近期生气而产生的反应。孩子觉得自己不得不极力控制所有的情感，甚至也不能流露一点感受。

这种征兆会让人感到担忧。要纠正孩子的这种行为，重要的是要提供格外的支持和关怀，建立一种充满对话和理解的互动关系。如果孩子在人际关系中没有安全感，就不可能足够放心地表达自己的情感。同时要指出的是，有些孩子由于身体上的原因，很难通过面部表情表达情绪。例如有一种很罕见的疾病，叫作"默比乌斯综合征"（先天性面瘫），患儿很难活动脸部肌肉。还有一些患有严重发展问题或者肌无力的孩子，更难使用面部表情表达情绪。因此，必须仔细观察这类孩子用什么方法来表露情绪，诸如身体的姿势、动作类型以及音调等。那些有体格障碍但对各种情绪应付自如的孩子，经常能找到其他方法表达情绪。尤其重要的是，如果那些平日里擅长表达的孩子突然变得不善言辞甚至三缄其口，我们一定要注意；对于那些从来没有发展出表达情绪能力的孩子，我们更要想法确认孩子是不是遭受到了某种长期的压力。

如果孩子封锁自己的情感，那么对于父母来说，除了要给予孩子温暖、关怀和与其进行生动的交流之外，还要注意家庭内部是否存在某种问题，以至于给孩子造成了特定的压力，比如父母是否在休闲的时间陪伴孩子一起玩耍等。

退缩

诚如我们前面所述，学龄期的孩子经常会心事重重，是因为他们处理不好与游戏伙伴之间复杂的关系。这种情况下，许多孩子选择从社交中退缩，逃避与同龄人的交往。这些孩子不是尝试着与朋友一起玩耍，或参加同龄人之间的新活动，而是选择独来独往。甚至有更极端的例子，有些孩子干脆无视父母的存在，就像无视同龄人的存在一样。如果孩子退缩的行为并不严重，那他们可能只是避免与同龄人之间出现新的麻烦。他们会选择独自玩电脑游戏、看电视或干别的事情，为自己逃避挑战的行为寻找借口。

要帮助这样的孩子重新回到同龄人之间，首要的任务是让他们回到与父母之间的亲密关系中去，进而参与到适合他们年龄的活动当中。注意不要让孩子参加过分消耗精力的活动，以免影响孩子从事其他的爱好。比如有的孩子喜欢收集棒球卡片但对其他游戏一概不感兴趣。无论是棒球卡片或者电脑或者电视，抑或任何其他让孩子着迷的爱好，家长都应该加以指导。父母可以在一开始的时候，表现出对它的兴趣，随后再将孩子的兴趣逐渐转移到集体活动上来，让孩子知道，和朋友一起玩耍实际上会更有趣。

这样的活动需要父母精心安排，可以邀请其他孩子一起玩耍。在开始的时候，孩子们还不太熟，可能需要家长的陪伴。比如，女儿需要父亲陪着才能和朋友一起周末出游，参加她喜欢的活动，无论是逛电脑市场、去动物园或者去游乐场。一旦孩子发现和朋友一起玩的感觉还不错，他们就会在学校或游乐场里邀请朋友一起玩。当孩子愿意这样做时，父母有时候还需要参与协调，直到孩子领会了诀窍为止。对于孩子的缓慢进步，父母应该有足够的耐心。如果孩子始终不能获得提高，就有必要寻求专业的咨询帮助。

小学时期，增强安全感的五项原则

对于如何帮助有以上困扰的孩子，我们已经探讨过一些简单的方法。但是所有这些困扰，还需要采取综合性的方式来协助孩子解决问题，并且要增强孩子们以后建立自信的能力。综合性的方式既包含第一章里列举的基本原则，也涉及家庭关系。在接下来的章节里，我们将向大家介绍，在学龄期的孩子身上如何应用这些原则。根据这些原则采取相应的措施，能让学龄期的孩子把苦恼转化成激发他们解决问题的动力，并在学习新技能的同时巩固原有的技能。如果采取这些原则，经过一段时间后，孩子仍旧没有什么进步的话，家长就必须寻求专业人士进行咨询。但是，即便是要接受专业治疗，上面所述的这些基本原则最好也继续使用。

善用"地板时间"

在小学时期，家长应该每天至少抽出三十分钟的时间同孩子一道游戏。并且在这段特别的自由时间内，家长应该俯下身子同孩子在地板上玩耍，同时尽力踩着孩子的鼓点，跟着孩子的节奏。当然，对于年龄稍大的孩子，可能并不需

> 在每天例行的三十分钟里，孩子是导演，而你只是助理。无论是玩耍还是对话，你都得随着孩子的引导，并尽可能地表示对孩子的支持，以及对他们关心的问题表示理解。

要坐在地板上，你们可以伸展四肢躺在沙发上，并肩坐在后院的台阶上或一起外出散步，也可以在篮球场上一同挥洒汗水。但是，无论你们待在哪里、做什么事，你的目标都是跟随孩子的引导，顺应孩子的兴趣。换句话说，在每天例行的三十分钟里，孩子是导演，而你只是助理。无论是玩耍还是对话，你都得随着孩子的引导，并尽可能地表示对孩子的支持，以及对他们关心的问题表示理解。

"地板时间"的真实目的在于建立一种温暖、值得信赖的关系。通过"地板时间"，家长可以分享孩子的关注，与孩子进行互动和沟通。一旦这种温暖、值得信赖的关系日益巩固，那么对于家长来说，在解决孩子的苦恼或忧虑时，就有了坚实的基础。

小学时期，孩子通常不需要父母过多的陪伴或关注。晚上，孩子可以自己做功课或看电视，父母可以忙着做家务或者工作。到了周末的夜晚，也许更适合全家人相聚。尽管有时候每个人都会各忙各的——去看足球赛、外出露营、赴生日宴会、上音乐课、做家庭作业，甚至帮别人跑腿等。

在这种紧张的日程下，家庭时间更加需要珍惜和保护。

"地板时间"的真实目的在于建立一种温暖、值得信赖的关系。

例如,晚饭后先不要忙着收拾,把电话转到答录机上等,都是很好地利用时间的方法。如果父母其中一方或双方经常加班,那最好就规定晚上六点到八点半是全家人相聚的时间。等到家庭时间结束之后,父母就可以继续做带回家的工作,或者如果需要的话,再赶回办公室继续加班。

对于很多忙于工作的父母来说,要做到这一点确实有些艰难。有些父母实在过于忙碌,以至于对和孩子一起生活并没有什么特别的感觉。"地板时间"是一种方式,让你重拾和孩子在一起的美好时光。要知道,这种天伦之乐可能是你有孩子以来就没有享受过的。

对于年龄稍大一些的孩子,父母应该关注孩子的兴趣。有时候还需要和孩子一起玩假装游戏、与孩子聊天或者其他游戏。家长的目标在于帮助孩子表达,并且发挥他内心的想法。有很多话题你们可以谈论:学校的事情、朋友、动物、任天堂游戏或刚过世的亲人等——任何孩子感兴趣的话题都可以。如果孩子已经用积木搭了一座城堡,并且希望你扮演攻击城堡的坏蛋,那你就扮演好了;如果孩子希望你匍匐在地板上学狗叫,你也可以照做;如果孩子想和你谈谈因为你不让他看某些电视节目而觉得你很差劲的话,那就顺着他的话题谈下去好了。

在你们谈心时，家长应该鼓励孩子诉说。比如你可以说，"关于这件事，再多告诉我一些吧"，或者"告诉我，我哪些地方做得不对"。如果孩子对你说"我的老师很糟糕"，家长不要直接反驳孩子"别那样说老师"，相反应该说"老师做什么让你觉得糟糕呢"？

在你们两人进行谈话时，并不一定要谈得非常深入或者一定与当天发生的事有关。家长应该听从孩子的意思，敞开心扉接纳孩子的所说所做，并且把自己当作孩子世界中的一部分。不管你使用的语言多么精确，都不如你坐下来和孩子在地板上一起玩耍重要，哪怕你只是象征性地坐下来陪孩子聊上一阵子。"地板时间"的精神才是问题的关键所在。孩子需要的是一种感觉，即父母可以和自己一起谈天说地，一起关注自己的兴趣。

因为所有成功的人际关系，其核心看上去都含有这种让人感受到温暖的同理心。因此，当孩子们有了足够的温暖体验之后，将会更加在乎和了解别人的需要。同时，通过"地板时间"，你可以自然而然地激发并支持孩子所有的发展技能：自律、与人交往、双向沟通、表达情感、逻辑思考等。

而这些技能对于建立孩子的安全感来说至关重要。

"地板时间"可能相当有用，它能让孩子感觉到被照顾、被人爱、被人了解，因而孩子会很有安全感。孩子由此感知到父母对自己的在乎，并有机会把模糊的个人感受——无论是需要、害怕、焦虑或愤怒——变成思维和亲子关系里的一部分。事实上，对于孩子不可或缺的安全感、信任和自我价值而言，"地板时间"提供了全部的基础。有了"地板时间"，任何和孩子有关的问题，不论多少都能从中受益。

诚如我们之前谈到的，"地板时间"的规则非常简单：孩子不许伤人或者毁坏东西。除此之外，在"地板时间"里，孩子就是完全绝对的老板。家长的任务就是追随。你不需要扮演心理医生的角色，试图探究孩子游戏背后的潜意识因素。你也不需要替孩子解释他的情感，比如这样说："我能看出来，当你和那些大孩子在一起时，你感觉很害怕。"但是，只要你能多抽出时间陪伴孩子，同时找到适当的情感话题，就能让孩子愿意和你一直交流下去。

当然，与有些孩子打交道会很困难。假如你的孩子什么也不说，你该怎么办呢？家长应该记住，孩子其实一直在和你进行沟通——无论是通过话语、动作、腔调或者手势。即

王苇航 6岁

使他不想沟通，那也是一种沟通的方式，你可以从中了解到某些信息。许多父母经常犯错，只会望文生义地了解孩子的感受。如果孩子说"我不想谈心"，父母就干脆放弃追问。但如果他们能因势利导地询问"为什么你不想和我谈一谈呢"，就能有机会倾听孩子吐露衷肠。或者，家长可以顺势接过孩子的话，然后介绍自己在童年时不想谈论某些事情时的感受。如果你能顺着孩子的思路走，往往就能和孩子谈论任何话题，包括一切让她感觉心烦的事情。这里面的诀窍在于，一定要避免按照提前拟好的固定计划去跟孩子谈心。可能有一天，你走进孩子的房间，期待孩子能和你谈一谈学校的事、朋友或电视节目，却没想到孩子根本不愿意配合，三言两语就把你打发走了。

比如孩子会说："出去！我的家庭作业全部写完了，所以不要再来打扰我。"这时，不要拘泥于原先的计划，对孩子说什么"这是我们谈话的时间！"相反，你要试着观察一下，用认同的口吻说："哦，你要我出去啊。"然后再问孩子为什么你出去会让他感觉好受一些。通过这样的问话，孩子有可能就会同你谈论他生气的原因。大多数的孩子都愿意花二十分钟谈为什么讨厌父母。面对这种情况，家长要尽可能地避免因为孩子的负面情绪而选择退缩。孩子与你之间越是存在问题，你们就越是需要专门的时间进行谈心。

对有些父母来说，和孩子进行"地板时间"可能会很不容易。有些父母凭着自己的直觉就能游刃有余，但是，大部分的父母在转换自己的步调时都很困难。许多父母希望能对孩子有所帮助，但是他们发现自己很难彻底放松下来，就连仅仅倾听孩子和顺应孩子的想法这样简单的事情，他们都很难做到。家长通常的错误包括感到厌烦、试图控制谈话主题或者不能全身心地投入。因为对很多父母来说，通常很难做到既要积极参与和孩子的互动，又不对活动实施控制。当家长们不再掌控一切的时候，他们常常表现得心不在焉，做起白日梦来。

"地板时间"有时候确实让人感到厌烦。孩子没完没了地谈论棒球积分，或者不停地控诉某个高年级的孩子欺负自己，都会让父母感到发狂。但是，通常情况下，如果你能关注孩子在"地板时间"时谈论的主题，你就可以克服掉厌烦的情绪。究竟什么是孩子想要告诉你的呢？

有时候，父母感到厌烦的本身，成了他们用来逃避认识孩子真正个性或兴趣的一种借口。例如，一位家长可能希望孩子勇敢、自信，因而不愿意面对孩子实际上胆小的事实。

家长们应该关注孩子胆小的原因，并且努力帮助孩子获得安全感，进而体会孩子自信的益处。相反，很多父母对于孩子的胆小往往漠然置之。如果父母采取这种态度，那么父母的缺位，会使孩子感到不知所措并且态度消极，以至于孩子变得更加胆小。

对于胆小或者缺乏安全感的孩子来说，更需要"地板时间"。可以这么说，"地板时间"实际上给这类孩子提供了第二次机会。胆小的孩子本身并不意味着当他们处于舒适的环境时，他们就不再有创造力和自信心。如果没有机会培养自信，孩子往往会变得消极，并且不愿意接触那些需要他们做出让步的人或者事情。

在"地板时间"的头几个星期里，许多父母都觉得困难，因为他们很难控制住自己不去干预。通常情况下，如果家长很清楚孩子接下来的言行，那他们很可能会过多地干预孩子的行为。当孩子采取和你不一样的新方式时，家长更应该表示欢迎，因为"地板时间"就应该充满惊奇。家长应该自问："我是不是问了太多问题？我是不是一直在告诉孩子做什么事？"如果你对自己的做法感到怀疑，那就要更多地倾听孩子。家长应该充当一个很好的倾听者和回应者——对孩子理所当然地保持关注和感兴趣。"地板时间"是有节奏的。想象一下，当你陪伴一位好友时，你们会嬉戏、开玩笑、相互倾听，并且全身心地关注对方。"地板时间"也应该如此，不要居高临下或者刻意做作。

在孩子玩耍时，有些父母习惯于在一旁观看，而不愿意参与其中。缺少了参与，即便是父母会在一旁评论孩子所做的事，也不是真正的"地板时间"。因为在这种情况下，家长和孩子之间并没有真正的互动。

父母应该更加投入孩子的活动。他们可以这样说："真不错！你想让我把火车从另一个方向开过来吗？"家长不要想成为孩子演出中的局外人，更不要去控制全局。家长需要成为其中的一个角色，这样孩子才愿意与你互动，并把你当作剧中人看待。

如果孩子对你的参与不感兴趣，你该怎么办？孩子有可能对你说："不，我只想让你在一旁观看。"这时你可以试着同孩子探讨，问他为什么只让你在一旁观看。如此一来，孩子就会同你进行互动。孩子也可能说："闭嘴！我只想和我的士兵们玩。"如果是这样，你最好安静地待上一会儿，观看孩子的游戏。过一会儿你可以说："我现在可以做一些事情了吗？"如果孩子仍然回答说："不，你应该还是待在一旁。"

你可以继续问他："你还想让我只当观察员吗？"当你不断鼓励孩子重新定义你的角色时，自然就会成为孩子演出中的一部分。

如果你有好几个孩子，你可能需要缩短每个孩子的"地板时间"长度。但我还是敦促你尽可能地抽出足够的时间，与每个孩子进行一对一的谈话。如果从晚饭后到孩子睡觉前你都有空闲，那么你就有足够的时间这么做。当然，这种安排并非一成不变。如果你下午在家，那就在下午与孩子进行"地板时间"。

一旦你们形成了默契，你就可以将"地板时间"转移到其他任何时候，比如开车接送孩子的路上、给孩子洗澡的时候或者给孩子讲睡前故事时。比如在孩子脱掉衣服准备睡觉时，你就可以和孩子聊上二十分钟左右。对于年龄较小的孩子来说，他们在"地板时间"里通常会专注于游戏而不是谈话。因此，选择一个孩子可以接触到玩具和游戏的地方进行"地板时间"，可能会收到最好的效果。

在双亲家庭里，同几个孩子进行"地板时间"，应该是很容易安排的。父母可以每人负责一个孩子，之后彼此轮换。相反，对于单亲父母来说，进行"地板时间"则比较困难。

不过家长可以尝试进行集体"地板时间"——坐在地板上，尝试着应对每一个孩子。好比指挥一个管弦乐团，家长可能得同时演奏三种不同的旋律。对老师来说也是如此——有很多老师与一群学生进行"地板时间"时，表现得也非常出色。

如果有两个或更多的孩子，你可以指派其中一个扮演半小时的"领袖"。你要跟着孩子的鼓点行进，并努力推动其他孩子加入其中。如果孩子摇头拒绝，那么这也会是一个很好的机会，你可以去同孩子探讨他之所以拒绝的原因。

家长必须记住，这是享受亲子互动的时间。无论是五岁的孩子和他的玩具熊、七岁的孩子和他的玩具火车，抑或是九岁的孩子不停地谈他的小沙鼠、抱怨足球教练，你都要随着他们的节奏，跟着孩子的引导，并尽可能地帮助他们将游戏往更深、更宽的方向推进。正如你所看到的，"地板时间"就像是一种哲学，对孩子来说就像是其他需要的东西一样不可或缺。如果你定期地与孩子享受"地板时间"，你就会发现，自己越来越能仔细地倾听孩子，并且更加审慎地回应孩子的问询。我敢保证，经过一段时间的训练，你和孩子之间的关系将变得更加温馨、更加亲密。从"地板时间"中，你会获得数不清的收益——不仅对孩子的身体健康有好处，而且对孩子的心理健康也大有裨益。

与小学生一起解决问题

与孩子一起解决问题，目的在于帮助孩子在与人互动时更加有逻辑性，同时能主动迎接和解决各种挑战。这样，孩子们在智商和情商方面都会获得进步。"解决问题时间"有几项完全不同于"地板时间"的目标。家长不像"地板时间"那样完全顺应孩子的意愿，而是和孩子有更多的协商和分享。在你努力尊重孩子的想法的同时，你同样有自己想谈的话题。你可能想和孩子谈谈为什么他那么害怕上体育课，你也可能只是想和孩子谈谈他何时该去睡觉以及该花多少时间做功课等。当然，你们还可以就与兄弟姊妹打架、举止粗野或学校的功课等话题进行探讨。比如，当孩子考试成绩不好时，你可能会问："我看到你得了一个D，怎么回事呢？"

"解决问题时间"旨在帮助你们找出孩子遭遇到的具体挑战。然后，你们才能试着应对这些挑战。

首先，家长应该倾听孩子的观点，然后再给出自己的看法。请记住，尽管你可以在孩子面前摆架子，但是理解孩子的观点，并给他们机会说出抱怨、害怕或者愿望，实际上会更有好处。不要假设你了解孩子的想法和感受。即便你已经知道，孩子也需要自己说出来。你要确保在和孩子沟通的过程中，认真倾听孩子的心声。

解决问题并不需要找很特别的时间来进行。可以在你们吃晚饭的时候、可以在汽车里、在购物中心或者在地铁上，只要有机会，在哪儿都可以谈。

有时候，你可能觉得漫无头绪，不知与孩子从何谈起。不要泄气。记住，不爱说话的孩子可能会通过身体姿势表露心事。比如，孩子可能会抱着胳臂冷冷地坐着，一副萎靡不振的样子。如果孩子这样对你，你可以对他的行为进行评论。或者，你也可以假设孩子不愿意谈有自己的理由。如果你问孩子某件事，孩子会说"我不记得了"或"没什么大不了的"，也可能是在努力找寻线索进行回忆。对此，你可以采取委婉的方式回应说："要记得所有在学校的事确实有些困难。"通过这种方式，孩子就会愿意告诉你究竟发生了什么事。如果随后孩子停下来再次陷入困惑，你应该再说一些体贴的话，鼓励他说下去。

另一个不利于成功解决问题的障碍，就是家长在和孩子谈话时，双方总是谈论太多过去的事情。事实上，这种谈话方式缺乏逻辑性（如果你对孩子说教，那并不是对话）。有些孩子天生擅长与他人互动，有些孩子则需要去学习。对于孩

> 尽管你可以在孩子面前摆架子,但是理解孩子的观点,并给他们机会会说出抱怨、害怕或者愿望,实际上会更有好处。

子来说,只有通过练习与成人或其他孩子的互动,才能学会与人交往的奥妙。而家长和孩子共同解决问题,实际上就制造了这种理想的机会。对于说话前后缺乏连贯的孩子,父母可以微笑着鼓励他们由少到多,逐渐增加交谈的话题。当然了,要想与不爱说话的孩子拉近距离,最初的几句对话是很困难的,因为孩子对家长的问话往往会心不在焉。

举例来说,当孩子放学回家一脸不高兴时,你可能会问:"在学校过得不好吗?"

孩子可能并不理会你的询问,而是一边打开冰箱一边问你:"电视上正演什么呢?"

这种时候,在接下来的对话中,想要收到较好的效果,对于不少父母来说确实有些困难。你可能这样回答他:"我可以告诉你电视节目,但你还没有回答我的问题。今天在学校究竟过得如何,你能先告诉我吗?"

"今天晚餐吃什么?"孩子似乎并不愿意和你谈论学校的事情,自顾自地问道。

"我很想告诉你今天晚餐吃什么,"你说道,语气仍旧非常温和,"但是你仍然没有回答我的问题。"

"我不想理你那些愚蠢的问题。"孩子很生气地回答。面对这种情况，家长们应该怎样做呢？

请记住，对于喜欢挑战家长权威的孩子来说，你可能需要更多的耐心。你绝不会希望将解决问题的努力变成怒不可遏的争吵。花费一刻钟的时间，让孩子认识到的确有一些东西值得学习，并给他提供练习的机会。（对于有听觉或其他处理障碍的孩子来说，可能需要更多的训练。我在"游戏场政治"和"有特殊需求的孩子"这两部分讨论过这一点。）

许多父母，尤其是那些个性比较忧郁或孤僻的孩子的父母，经常无意中把共同解决问题变成了单向的沟通。在大部分时间里都是他们在说，孩子并没有获得掌握话题、练习培养自信的机会。许多孩子需要父母多给一两秒钟——甚至五秒钟，才能想清楚自己接下来要怎么说。但是，习惯于成人对话节奏的父母，往往进度太快而过于超前。如果孩子从头到尾只有说"是"或"否"的份，那么对话就会变成家长自己的独角戏，孩子则没有什么机会锻炼说话、思考和与人互动的技巧。

注意，不要因为逼迫孩子告诉你一切，而陷入家庭纠纷。你可以通过提示以及创造情景的方式来帮助孩子。一旦孩子开始与你分享发生的事情，你就应该洗耳恭听，并且让孩子按自己的想法进行表达。

设立"解决问题时间",你得到的益处绝不只是解决问题。要知道,每一次的讨论或协商都能帮助孩子锻炼接受和表达语言的能力以及逻辑思考的能力。即使你必须摆出架子要求孩子做事,那么协商的过程,也可能是孩子学习逻辑思考能力的最好机会。并且记住,那些很少说话的孩子更需要多做这样的练习。

"解决问题时间",能鼓励孩子与别人进行协商。让孩子跟你讨价还价,会非常有助于孩子就严肃的话题,与父母进行类似律师之间的辩论。譬如,假如现在是晚上九点,是孩子上床睡觉的时间,但孩子却说:"让我再看两分钟电视!"你可能会摆出架子说:"不行,你必须去睡觉。"然后拉着他进房间。也可能,你决定听听孩子的理由。"好吧!你有三十秒的时间陈述理由。"你可能会这么说。

这样一来,你创造了很好的对话机会。当涉及界限时,这种额外的讨论并不会让孩子觉得你软弱可欺。类似这种富于逻辑的交流,会帮助孩子们变得更加自信,更能自如地表达自我。这样,孩子就更能通过想法而不是行为,比如动手打人或者推人,去获得他们想要的东西。

要了解一个孩子,首先你要以同理心看待他的目标,不管其目标如何。

一般来说,"解决问题时间"在很多情况下都会很有帮助,但有时候在运用时需要采取适当的方式才可以。孩子们很难应付某些挑战,你需要和他们一起做好准备。如果孩子存在以下问题,比如捉弄他人、在课堂上说话等,你可以通过如下的方式进行帮助。首先描述问题的情形,表达你对孩子感受的理解,然后分析孩子在这类情况时的对错,最后探讨其他解决问题的替代方法。这是一种非常有效的方法,在遇到棘手或可怕的问题时,可以帮助孩子建立安全感和自信心。

与之相反,很多家长似乎更倾向于采取说教的方式,而不是上面我们所说的方式。但是,说教并不会有什么用处。一个能够自己预料到后果的孩子,将会采取措施避免对自己不利的行为。我们中的大多数人在解决问题时都难落俗套,我们在做事时往往出于本能。而能够预料到充满挑战的情况以及自己的感受,将会让人具有特殊的洞察力。拥有这种洞察力的孩子,在面对和陌生人交往、融入班集体或者面对可怕情形的时候,会大大降低自己的不安和害怕。

正如我们所看到的,"解决问题时间"是一种很好的机会,可以让孩子们锻炼逻辑思维并且学习应对艰难的挑战、害怕以及焦虑。在面对疾病、父母离异、家庭迁徙或者其他更大的挑战时，这种训练对孩子来说尤其有益。

用同理心感知孩子

要了解一个孩子，首先你要以同理心看待他的目标，不管其目标如何。如果你试着倾听、了解孩子行为的缘由，以及行为背后的世界观，你就能更容易地对孩子的行为施加影响。孩子们对于自己做的任何事情，通常总是有充分的理由。不管你是否同意孩子的理由，都要先了解，然后再探讨改变孩子的行为。（有时候，一旦我们了解了孩子做某事的原因，可能就不想再去改变孩子了。）

不管你和孩子讨论什么，也不管孩子当时遇到什么挑战，要想用同理心去理解孩子，家长需要与孩子进行有逻辑的对话。每一个孩子应对问题的策略都是要尽量减少当时的苦痛。不管父母觉得孩子的方法有多么愚蠢或者多么无意义，在我们了解孩子这样做的原因时，都要表示出对他们的尊重。

比如，当孩子在班上调皮捣蛋，或者试图欺负弟弟妹妹时，你就要自问："我清楚他是怎样看待这个世界的吗？他内心是怎么想的呢？"

以同理心而不是批评的态度看待孩子，对父母来说可能会相当困难——不是因为我们不想这样，相反，是因为我们对孩子过于苛求了。这似乎很有讽刺意味。举例来说，许多父母发现当孩子遭受拒绝、羞辱以及出丑时，他们感到十分为难。当一个孩子因此而抱怨时，很多父母可能会说，"你不应该那样想，埃里克当然喜欢你"，或者"哦，每一个人在班里都会犯错，没有必要为此感到难受"。实际上，这种否定孩子感受的说法难以收到效果。

当我们听到孩子的抱怨时，往往也会感到心情沉重。如果你是一位出色的父亲或者母亲，孩子可能不会遭受这种苦痛。但所有的感受都是人生戏剧里的组成部分。不好的感受常常同好的感受——喜爱、自豪、开心、幸福相伴而来。而且，不好的感受的存在，并不会削弱我们身为父母的影响。

同理心并不意味着完全赞同孩子。但是你在否定孩子之前，应该先了解孩子的想法。不过了解孩子的想法和感受，也不是让你担当心理医生的角色。有许多父母认为，如果不知道孩子行为背后的原因，就没有什么可做的。但是，实际上哪怕你只是认同孩子的感受并报之以理解，通常也会对孩子产生巨大的帮助。只因为你没有站在与孩子对立的位置，让孩子感到你是一位关心他的好朋友。

回想一下，当你上一次感到难过或者遇到困境时，还有什么比你的配偶或朋友耐心而同情地听你倾诉更有帮助的呢？由此你可以更好地理解：关键的问题是什么，你在其中扮演什么角色以及可能的解决之道。当你给了孩子以温暖和支持时，问题就会变得清楚而且可以忍受。

例如，有一个孩子因为母亲不允许她玩电子游戏而大发脾气。如果对孩子抱以同理心，那么做母亲的就有机会去理解孩子在成长过程中需要什么。相反，如果母亲觉得孩子不太理性，而她又得去干家务活，那她就不会耐心地听孩子诉说。但是，如果母亲能够以同理心看待孩子，而不是以一种防卫的心理，那么她在说不的时候就不会感到不舒服，也不再会担心自己过于苛刻，而孩子也会觉得母亲的行为并不专横。对孩子抱以同理心，并不意味着对你的孩子妥协，只是意味着不要激起孩子抵触的心理。

对孩子抱有同理心，一个重要的步骤是要确认孩子内心潜在的假设。人们的感受通常都基于内心对外在世界的假设。家长需要搞清楚孩子心中的这些假设到底是什么。孩子会不会认为自己就是世界的主宰，一切由他说了算。或者，孩子是否会认为如果与朋友发生争执，朋友将会离开他。或者，他是否会认为，如果向你发起挑战，或者脱离你的管教，将会失去你的爱和支持。

孩子的这些假设可能很难了解，但定期的"地板时间"和"解决问题时间"，将会让这个过程变得更加容易。一旦你认为自己已经清楚孩子内心所想，就可以将它告诉给孩子。如果你是对的，孩子会觉得有人会倾听和理解他。如果你猜错了，你也可以借此避免误解，并且继续探究孩子的观点。

这个时候，父母的目标在于协助孩子及时解决问题，比如制止孩子的攻击行为或者减少孩子的忧虑。但父母这样做时，也要尽可能地满足孩子自己的目标。也就是说，最好可以一举两得。例如，孩子的目标可能是同某些朋友亲近、获得父母或老师的更多关注。换句话说，我们可以一举两得地帮助孩子解决问题。总之，用同理心看待孩子，可以帮助孩子找到满足自己需求的方法，并且不会让他们在家里或学校陷入更大的麻烦。

把挑战分解成若干部分 ▶

鼓励孩子去挑战和处理难题的一个不错方法，就是不断地累积小的成功，让孩子获得美好体验。通过帮助孩子一次解决一点小问题（而不是一头栽进难题中），能让孩子对自己感到满意，并且避免产生失望的情绪。比如有的孩子经常这样说："学习数学到底有什么用？我从来都没学好过！没有人会喜欢我的。"相反，无论是什么挑战，我们的目标都在于将其分解成若干小部分，好让孩子一次完成一个，由此产生一种成就感。

就拿一个常见的问题来说，很多孩子学不好数学。众所周知，数学不好的孩子往往缺乏数字概念。他们很难凭直觉搞清楚十是五的两倍，或者二十是十的两倍。如果你只是试图让孩子提高记忆力，他还是会觉得自己是失败者；如果你试图采取拔苗助长的办法，那么结果可能会更糟。

对此，家长可以采取以下步骤。第一步，你可以从帮助孩子搭建积木开始，让他看出十块积木和五块积木有什么不同。第二步，你可以让他数自己的手指头，看十和五的区别。第三步，你可以试着让他练习简单的加法，诸如 1+1=2 和 2+2=4，确保他在头脑里形成数字概念。通过帮助孩子在这些小的方面获得成功，会让他对自己感到满意并且避免产生自我挫败感。

> **TIPS**
>
> **增强小学生安全感的五项原则**
>
> ☆ 每天有固定时间段的"地板时间";
>
> ☆ 与孩子一起解决问题;
>
> ☆ 用同理心感知孩子;
>
> ☆ 将挑战分解成若干部分;
>
> ☆ 给孩子设定行为界限。

采取这种方式并通过适当的训练,对于解决孩子面临的任何惧怕和心理障碍会非常有用。有些孩子对于在众人面前表演,可能会感到不知所措。你可以建议他先在家人面前表演,接着在一群朋友面前试演,最后再到众人面前表演。如果孩子想去朋友家玩,但又感到害羞,你可建议孩子先邀请朋友来你们家玩几次。或者你可以陪伴孩子,一同去他的朋友家拜访。如果孩子害怕猫狗,你可以让他先接触一个比较温顺友好的小动物,然后再慢慢接触其他的动物。实际上,孩子的各种恐惧——就寝恐惧、学校恐惧、社交恐惧,或者自行车恐惧——都可以采用这种方式加以解决。

通常情况下,让父母头痛的问题不止一个。比如孩子喜欢我行我素、害怕黑暗、动手打人、不愿意坐校车等等。你在执行惩罚的时候，要怀有同理心并且尊重孩子，事先与孩子商量好惩罚的方法。

该从哪里着手呢？很显然，家长不能全面出击！你可以先挑一两个重要的问题着手。比如不准孩子打人、训练他不再怕黑等。然后，将这个挑战分解成若干部分，比如要求他一个下午不准打人，或者打开他房间的门让客厅的光照进来。在一个目标成功之后，你再转到下一个目标上去。这样一来，孩子将获得短时间的满足和自信，进而激发他不断进步。

给孩子设定行为界限 ▶

行为界限和同理心以及激励一样重要。界限给孩子们提供了安全感和引导。如果家长能配合运用"地板时间"，那么设定行为界限就会收到最好的效果。因为陪孩子在"地板时间"里玩耍，会让你在限制孩子行为时减少负罪感（尤其是当你的孩子一直表现很好的情况下）。同时，"地板时间"能让你与孩子保持一种亲密的关系，好让他们遵守你设定的行为界限。如果想要你的孩子在这个世界上感觉良好并且有安全感，那他们就需要行为界限，如同需要父母的同理心、指导和关爱一样。

在决定采取限制时，最好是挑选一件单独的事，设定足够宽的界限范围，然后严格地加以执行。换句话说，家长最好集中精力，赢得一场战斗，而不是四面出击，以至于精疲力竭。记住，一次只解决一个关键的问题。如之前所说，不要试图同时解决好多问题，或者设定非常狭隘、苛刻的规则，否则是收不到效果的。

如果要惩罚孩子，那么惩罚的方式不能过于冷酷或专断。在执行惩罚的时候，要怀有同理心并且尊重孩子，事先与孩子商量好惩罚的方法。你不应该让孩子对突如其来的惩罚感到惊讶，也不能让孩子感到惩罚的程度有失公允。你应该记住美国前国务卿基辛格在谈到国际关系时说过的一句话："你要让对方承担的代价，在他们看来也许太过昂贵以至于难以承受。"家长们通常会限制孩子看电视或者玩电脑游戏的时间，要求孩子早一点就寝，安排孩子打扫厨房，或者取消出游计划等。但是孩子们的情况各不一样：对有些孩子来说，一整天不准玩电脑游戏就是一种严重的处罚；对另一些孩子来说，一个星期不让看电视才是严重的处罚。因此惩罚要想收到效果，限制的方式必须对孩子来说有一定的意义，才能让孩子在以后会有更好的表现。

有些父母不愿意采用取消食物——如孩子的点心，来惩罚孩子。因为他们担心这会导致孩子饮食失调。实际上，只要你们对食物、饥饿和其他身体机能持一种灵活而不是刻板的态度，那么父母就完全可以用禁止享用某种食物作为一种特殊的惩罚。但与此同时，父母也要认识到，过分的限制有可能导致孩子对于点心或者甜食更加渴望。因此，所有的制裁都应该和家庭的实际情况保持一致。

在设定行为限制时，要尽量让界限清楚无误，而且你能严格执行。家长应避免一时兴起而制定行为限制，到最后却因为孩子的抗议或批评而被迫终止。一旦你和孩子事先设定好界限，并且有过充分的沟通后，在执行界限时你就不大可能感到疲惫或者不知所措。

如果你与孩子经常在一起享受地板时光，那么一旦有必要，你就能比较容易地设定有效的行为界限。家长设定行为界限的目的，在于教育孩子学会以同理心看待别人并且懂得尊重他人。只有将同理心和行为限制相结合，家长才能给孩子树立良好的行为榜样。

当孩子事先知道行为的界限并且知道父母会坚持原则时，他就不大可能选择对自己不利的行为。与此同时，父母也需要设身处地地为孩子着想，站在孩子的立场上看待自己的限制。父母应该严格设定并执行行为限制，但也要以同理心看待孩子不得不付出的代价。如果事先帮助孩子了解了行为界

> 孩子们通常比父母更容易转变态度。如果他们能在安全和信赖的环境下成长，孩子们通常会比成人更快地原谅他人。

限，孩子就不大可能让自己陷入难堪的境地。因此，那些事先和孩子探讨过的，并且在孩子触及时自动生效的行为界限，会让家长显得很富有同理心。

要知道，即便是很听话的孩子也有偶尔做坏事的时候。针对具体情境下的行为界限，能让每一个孩子从中受益。即便是看上去不需要行为限制的孩子，也需要练习人生中触犯权威的情形——这种锻炼现在开始，比到大学时或就业时再锻炼要好得多。

有些父母很难给孩子的行为设定限制，尤其是对上小学的孩子或者再大一些的孩子，他们担心这会让孩子感到难受或者生气。如果父母双方能够相互支持，设定限制就会变得更加容易一些。而且，如果家长肯花费心思和孩子一起来解决问题，并抱有同理心地设定行为限制，自然就不会与孩子有纠纷。

如果你只是用强力来严格执行你定下的规矩，其效果可能会适得其反。你和孩子之间越是有对立的情绪，就越是需要亲密的关系和同理心。做到这些并不容易，因为我们容易陷入愤怒的情绪当中，并且倾向于远离让我们厌烦的人和事。因此，作为父母，有时候将不得不压制自己的情绪。记

> 如果在教育孩子时，给孩子保留颜面和自尊，将使孩子懂得尊重他人并与父母合作。

住，孩子们通常比父母更容易转变态度。如果他们能在安全和信赖的环境下成长，孩子们通常会比成人更快地原谅他人。

对家长来说，同自己的孩子产生纠纷的确让人生气，因为成年人很在乎面子。但是，恐吓和羞辱孩子绝不会让他们学会自律。如果家长采取这种方式的话，那么孩子下一次犯错时就会想尽办法为自己开脱，以逃避父母的责难。与之相反，如果在教育孩子时，给孩子保留颜面和自尊，将使孩子懂得尊重他人并与父母合作。

另一方面，有些父母在以同理心看待孩子时又犯了过犹不及的错误。他们喜欢和孩子嬉戏打闹，对于孩子的不良行为却难以设定限制。但是，孩子在享受关爱的同时，也需要一定的约束，尤其是面临一些困难的挑战的时候。家长不仅需要给予孩子关爱，同时也要给予必要的限制。总之，家长付出的越多，那么他们收获的就会越多。

本章列举的五项原则并非一种刻板的计划，更多的是一种关乎儿童需要的原则性方式和哲学。我希望，随着时间的推移，这五个方面会变成家庭生活的一部分。当家长们做到这些时，他们就已经为孩子创建温暖的、可以预知的并且是有条不紊的生活打好了基础。无论工作有多么忙碌，家长也应该每天抽出半小时或更多的时间,与孩子进行一对一的谈话。如果家长愿意以同理心倾听,而不是把自己的意见强加给孩子,孩子自然也会把学校不开心的事说给父母。家长应该要求孩子完成他们可以解决的任务,同时留意那些可能让孩子遭受挫折的障碍。最后,设定坚定的界限并严格执行,并与孩子经常进行温馨的沟通。如果父母在家里遵照这些原则行事,孩子就能在获得力量和技能的同时,勇于面对更大世界里不断变化的机会和挑战。

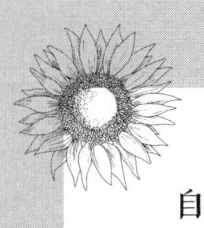

第五章
自信且有安全感的青春期

比较有安全感的孩子,会对未来充满期待。他们会利用自己的认知技能,对未来做出预料并扩展自己的爱好。但是,那些经常处于焦虑和紧张的孩子,更多的只知道应付眼前的生活,并不知道为未来做打算,就像小学时期那样,他们只懂得处理具体、日常、眼下的事务。

当孩子进入青春期后，他们会发展出一些额外的能力，这些能力有助于增强他们的安全感。与此同时，这些能力也给他们带来了新的不安。而孩子们对这些能力的掌握程度，以及早年培养的基本能力，将会决定他们的安全感程度。

青春期具备的新实力

我们在上一章里探讨过的内在标准，亦即一个人判断、评价外部体验的内在标准，正是构成孩子未来稳定心态的基础。从童年晚期开始，儿童就已经认识到自己生活在两个世界中：自己内心的世界和日常生活中的世界。

日益增长的自我感知 ▶

　　日益增长的自我感知，使得青少年能把新的体验放在一定的背景下看待。这一点也是形成他们判断力的关键。判断力来自长期累积并不断获得发展的智慧。青少年面临的诸多诱惑——毒品、酒精、冒险行为、追逐异性等，都需要他们依靠良好的判断力来保护自己。此外，青少年需要判断力去做许多有关未来的决定，诸如高中以后的教育、职业规划、新的人际关系、参与社区及之外的团体，以及参加音乐、体育及其他活动等。

　　这个时期，在很多新的领域里，青少年的能力都会显著增强。与此同时，孩子的身体也会发生脱胎换骨的变化，并且出现明显的第二性征。在过去看来遥远的成人世界，现在已经近在眼前。青春期是一个较长的过渡时期，在这一阶段里，孩子的身体、情感、心智和社交都会发生改变。对青少年来说，关键的挑战在于继续发展内在标准和自我感知，使他可以更好地接纳自己在身体、兴趣、技能和社交等方面的变化。到最后，当孩子由家庭进入大学或从事工作时，他还需要越来越多地依靠自己的判断力，去维持日益增长的自我感知和内在标准。

预料未来

青少年已经能够从假设和可能性的角度去思考问题，并且知道着眼于未来。他们可以描述出一幅和平的图景，在那里人们互助互爱；他们同样也可以描绘出一幅战争的图画，在那里人们自相残杀。基于这样的背景，他们经常深思熟虑自己的计划。他们可以为自己规划不同的职业生涯，并能够思考各种结果胜算的可能性。比如，青少年经常会思考：有多大可能性成为钢琴家？有多大可能性成为棒球场上的核心球员？有多大可能性考上大学、找到一份不错的工作、遇到心仪的异性并与之成婚？是否有足够的经济条件支持他们的职业兴趣？当下的政治现状是否允许他们追求目标？也许因为年龄和个性的差别，不同的孩子思考的深度有所不同，但所有这些问题都会或多或少地萦绕在青少年的脑海之中。

许多青少年也意识到一个事实，应对未来问题和领导世界的重担，大部分会最终落在他们和比他们年轻的一代人肩上。这会让青少年学会放眼世界——一个在父母保护下他们并不知道的广阔世界。可以肯定的是，在有的国家，大多数青少年已经开始挣钱养家、投身军队或者积极参与政治运动。但是对于大多数发展中国家的青少年来说，在近代历史上（二战以来），他们都能从容地享受到从童年到成年的时光，这简直是一种近乎奢侈的享受。他们所要面对的未来，更多地属于个人的问题，诸如学校、工作和人际关系。但是，诸如城市暴力、流行病或者恐怖袭击之类的事件，可能将青少年和我们所有人一样推向不确定的未来。

在这种情况下，能够着眼于未来的能力就变成了一种新的责任。青少年能够考虑，究竟怎样才能创造出一个安全的世界。但有些孩子在面对这些挑战时可能退缩不前，或者表现出各种不安的症状（这些症状我们会在随后进行探讨）。不过，还有一些孩子，则能够接纳这种新的认知，并从中获得成长。

应对依赖

青春期的孩子首先可能面对的一个问题，就是自己的依赖、脆弱或空虚。很多年前，研究青少年问题的心理分析学先驱彼得·布洛斯曾经指出，青少年要想证明自己坚强和独立，他们必须得认真面对所有向往的东西。在面对所有的生理改变及各种新机会时，他们内心渴求照顾和关爱的欲望可能会变得更加强烈。这些渴望获得更多照顾的孩子，如何在表现坚强和独立的同时又能与父母保持足够的距离？对十几岁的孩子来说，这是一个很艰难的处境，不同的孩子处理这个问题的方式也各不相同。有的孩子故作姿态，但却绕着弯儿地拒绝和批评父母的要求。其实，他们在内心里仍强烈渴望能从父母那儿获得更多的"心灵鸡汤"。有些孩子会变得脾气暴躁，还有的孩子会用其他不同的方式表现出来。

因此，对父母来说，一个关键的挑战就是学会用"潜移默化"的方式教育孩子，同时又不让他们感到难堪。如何做到这一点呢？当你开车带孩子去朋友家的路上，当你晚餐后与孩子闲逛时，或者当你参与孩子的某项活动时，你都可以采取这种方式。你要加入到孩子们的活动中去，比如他们喜欢的运动、音乐、徒步旅行等。"地板时间"在孩子的青春期变得更加重要，但不再是要你们坐或躺在地板上，而是在汽车里、在篮球场上、在散步的路上或者在浏览杂志时同孩子一起闲聊。你可以和孩子谈谈学校的生活，也可以听听孩子对你、老师或者成人的抱怨。青少年愿意按他们自己的方式接受你提供的照顾。例如：你可以开车载孩子去他们想去的地方，倾听他们对某件事情的看法，或者谈论他们感兴趣的话题等。家长应该经常与孩子待在一起，并关注孩子的举动。否则，他们将不接受父母的关爱，并且可能导致家庭冲突。

在成长过程中，许多基本的情感需要没有得到满足的孩子，会面临很多问题。而这些问题很好地阐释了在孩子青春期时，父母提供更多的支持和给予安全感是多么重要。有些青少年出身穷困没有受过教育，或者来自破碎的家庭，或者父母过于忙碌而缺少关爱。对他们来说，童年时期的"依赖需求"往往没有得到满足。而青春期则要求他们更加独立，这种压力会使他们的问题更加复杂。要想避免这类孩子产生反社会倾向，必须给予他们特殊的帮助。我的一位同行、心理学家米特·萧尔多年前在波士顿主持过一个帮助这类儿童的项目。每当有孩子辍学时，他们就会安排一位辅导老师进行帮助。这位辅导老师经验丰富、业务熟练，并且很有耐心。当孩子们为了保住工作而不能去听课时，他甚至跑到他们工作的加油站去辅导数学课。当有些孩子闯了祸被抓起来时，他还会到警察局去帮教他们，以自己的行动教育他们什么是爱。作为一个辅导老师，他几乎一天24小时都在奉献。在好些年里，他将自己的专业知识与情感支持结合起来，用特殊的方法为这些个性冲动、叛逆无礼而且脾气暴躁的青少年提供了他们缺少的关爱。

　　二十多年后，通过对参与过这个项目的孩子追踪调查，人们发现百分之八十的孩子长大后都表现得相当良好。他们没有触犯刑律，也没有心理疾病，都拥有工作和家庭。而当年被认为有类似风险却没有参与这个项目的儿童，则有百分之八十出了问题，有的触犯了刑律，有的陷入了严重的心理疾病当中。这个项目同时还显示，即便是提供的帮助较晚，照样能给孩子带来极大的改变。即使问题严重的孩子十几岁时才受到照顾，仍然可以从中大受裨益。

对于那些能从家庭环境中获得支持的孩子而言，帮助他们的任务则容易得多。然而，很多父母要么是忙于工作，要么就是被孩子的青春期逆反弄得十分泄气，以至于难以坚持"春风化雨"式的教育方针。由于孩子需要获得尊重，并且他们对于羞辱很是敏感（因为他们还不大确定什么是自尊），因此至关重要的是父母需要确定，自己提供的教育是否考虑到了孩子的兴趣需求。对于父母来说，这不是一件容易的事，更何况他们还要努力引导、教育并灌输给孩子正确的价值观。要做到这些，需要父母们有极大的同理心才行。

控制性欲 ▸

进入青春期的孩子，体内荷尔蒙发生变化，因而开始显现第二性征。这些变化不仅会从生理上对孩子造成影响，也会从心理上对孩子有所改变。而身体和心情的变化会改变一个人对自身的认知，从而在心理上对孩子造成影响。对于这些变化，孩子们是表示欢迎，还是感到害怕？对于自己的性冲动，他们会付诸行动，还是会谨慎对待？

在青春期的早期，孩子们在很多方面都会发生变化，包括在饮食习惯上、在对漂亮和英俊的看法上以及自身形象上等。他们会尝试着改变自己的形象，例如将头发染成蓝色穗花形状、文身，或者对身体进行其他装饰等。

对于我们这些五六十年代长大的人来说，似乎没有什么能让我们更加感到吃惊的了。可是作为家长，在看到孩子剃掉头中间的头发，或者在鼻子或肚脐上穿洞戴环时，仍然会感到十分惊诧。要知道，每个年代的青少年都在寻找途径，夸大身体的变化，并且往往会让上一代人震惊不已。

近些年来，父母们更加忧虑子女的性教育问题。他们不只担心十二三岁的孩子会与异性进行性接触，更担心他们染上各种性传播疾病，包括有致命危险的艾滋病。

对于孩子有关性教育的问题，家长们的看法可能不尽相同。我们可以将孩子们的行为看成是一种不确定的表现。孩子们不确定身体怎么会有这种变化，他们试图通过夸大、逃避或压抑来应对这种改变。或者，我们也可以将孩子的行为看成是一种故意的挑衅。如果我们采取后者的看法，成天与孩子争论文身、穿环、发型或服装等问题，就会造成父母与孩子之间没完没了的纠纷，不仅影响了对孩子进行正确的教育，也会让孩子感到自己得不到应有的尊重。在这种情况下，孩子对身体的变化会更加焦急，进而导致以后的行为更加乖张。孩子们需要引导，一方面，他们需要知道从医学上看什么样的变化是健康的；另一方面，他们要知道什么是合乎情理的表达。当青少年努力想要搞清楚身体变化的原因时，如果父母对此表示关注，同时接纳孩子的想法，并且与子女一道探究，就会对孩子的健康发育起到极大的帮助作用。

有关这些方面的问题，孩子们并不只是在家里才会遇到，在学校也会遇到。有些学校对于穿着校服有着严格的规定。那些喜欢穿露脐装的，或者穿宽松牛仔裤的青少年，会觉得学校的规定是对他们着装自由的侵犯。对于这种情况，父母和学校需要共同努力，寻找合适的途径，在孩子的自由和被人接纳之间达到一种平衡。

实际上，对于性和自我形象的关注，往往会伴随人的一生。有些青少年能够不断地根据现实和逐渐形成的"内在标准"，来塑造自己的形象和身体。内在的标准会反映家庭关系和价值观念。如果青少年在表达自己合乎情理的需求时，能从家庭关系中获得富有滋养的支持性力量，就能给他们的成长提供更好的引导。

控制自身的攻击性 ▸

　　当孩子日渐强壮时，控制自身的攻击性就显得愈加重要。青少年会尝试用不同的方法进行攻击——有些通过运动和集体活动，有些通过打架斗殴，有些通过偷窃，还有些甚至通过使用刀枪等武器。具有危险性的攻击行为，可以从孩子的童年时期找到根源。如果孩子在小时候缺乏连贯的照顾和有益的行为限制（比如寄养在孤儿院，或者家中有精神病人，或者父母吸毒甚至虐待孩子），那么孩子实施危险性攻击行为的可能性就会更高。即便是在那些中上等收入的家庭里，如果孩子的保姆或者托儿所员工轮换频繁，也将导致孩子的早期教育缺乏连贯性，并由此带来一系列问题。

　　有些孩子因为个性的原因，更可能产生攻击性行为。例如，反应迟钝、渴求刺激的孩子——渴望有许多感官信息，往往对疼痛不够敏感，并且有些傻大胆儿——经常会通过活动和攻击行为，来发泄自己内心的焦虑。但是，如果给他足够的关怀，采取有益的行为限制，并且在规范他的行为上进行一些练习，就可能疏导他的攻击行为。这样的孩子日后可能变成精力充沛的企业家、外科医生、登山运动员等。如果他能学会照顾别人，并且具有真正的同理心，就能用自己的活动为家庭以及社会服务。

另一方面，如果一个孩子没有得到合适的教养和有益的行为限制，他就可能觉得自己与其他人没有什么联系，甚至会将别人当作"东西"看待。如果这个孩子在遭遇挫折和感到不安时，倾向寻求感官刺激和攻击行为来缓解内心的压力，那么等他到了青春期时，就很可能会有破坏性的行为和违法的举动。

在所有的社会群体里，都会有一定比例的青年人或多或少地出现这类消极行为，尤其是在贫穷的青年人当中。要应对这样的问题，我们的社会有两种选择：建造更多的监狱，或者在学校和社区里设立特别的支持项目，包括增加辅导教师等。

然而，青春期的孩子在心理上经常渴求给予他们"第二次机会"。我们可利用这种现象来增加对孩子的支持（如亲密的辅导），以礼貌的方式设定严格的行为限制，提供更好的一对一辅导，以及小班教学和职业训练，鼓励这些孩子参与各种活动（如运动、舞蹈、音乐等），以减少他们的攻击性行为。有运动天赋的孩子经常能从教练身上学到许多经验，学业上有天分的孩子往往也能从教师那里得到特殊的照顾。

为未来做打算的能力

到了青春期，孩子们会认识到他们不只是活在当下，同样会意识到他们有着过去和未来。而且渐渐地，他们也会明白过去的事情如何影响现在，并据此开始思考中学毕业后自己到底要做什么。他们还会将自己的兴趣从同龄人的圈子里扩展到他们居住的社区中。有些孩子喜欢了解政治，有些则对环境问题十分关注，还有一些青少年开始对出国或者学习其他文化产生兴趣。

这种成长的意识会导致孩子产生一种责任感。有些孩子会非常用功地学习，以便可以进入一所好大学，并在以后拥有一份好的职业。比较有安全感的孩子，会对未来充满期待。他们会利用自己的认知技能，对未来做出预料并扩展自己的爱好。这个时候，青少年已经能够估算各种可能性，为自己的未来做准备。

但是，那些经常处于焦虑和紧张的孩子，更多地只知道应付眼前的生活，并不知道为未来做打算，就像小学时期那样，他们只懂得处理具体、日常、眼下的事务。而经常出现情绪剧烈波动的孩子，则更难以对自己的未来提前做出规划。他们对当下的生活太过于焦虑，以至于根本无暇考虑未来。如果你问他"你为什么那么做？"时，他们会回答："因为那会让我现在感觉还不错。"

更好的学习能力

随着青少年的能力日益增长,他们可以将看到的听到的,按照自己的方式加以理解。他们能够回忆、组织以及理解听过的和读过的内容,而且还可以创造新的口头形象和故事。对于未来,他们能够考虑各种可能的选择。有些孩子在学习上存在着一定的困难或者障碍。他们可能存在听觉障碍或者视觉处理困难,或者对前后发生的事情或信息缺乏认知。比如那些经常忘记交作业或者约定的孩子,可能就存在类似的问题。

在这些方面存在困难的青少年,在思考问题时很有可能陷入"要么全有要么全无"的倾向。如果他们在依赖、界限设定、性教育或者攻击行为方面存在问题,那么解决起来的难度就会更大。一方面,父母和老师必须想办法帮助他们解决此类问题。比如,他们可以帮助孩子设想未来,描绘明天可能发生的事,回忆今天刚刚发生的事。凡事做到心中有数,就能提高孩子们做计划和排顺序的能力。对这些孩子进行一些锻炼,让他们预想有关情感和社交的情景(事先设想这些情况),并提前准备好解决方案,会非常有用的。另一方面，我们在本章最后叙述的五大原则，将帮助青少年更有安全感，更有能力应对依赖、界限或攻击性行为等问题。

亲密关系 ▶

在青春期时，建立亲密关系的能力变得非常重要。无论是与大伙打成一片，或者是与他人建立一对一的关系，十几岁的孩子都希望能找到和自己亲密无间的朋友。显而易见，这种与他人建立亲密关系的能力，来自孩子早年与家人的亲密体验。

如今，有许多父母反映他们的孩子到了二十多岁，仍然生活在群体当中，缺少一对一的约会。尽管现代社会对于性的态度越来越宽容，但许多孩子仍然避免建立过于亲密的关系。他们主要的人际关系都在群体里面——经常是男女生都有的群体。我的大女儿有一个主修心理学的朋友，她曾经告诉我说："我不需要约会，我在群体中已经获得了足够的乐趣。虽然不愿约会的想法并不好，但我从来不觉得寂寞。"

通过群体互动发展亲密关系，对于很多青少年来说可能会很有用。一对一的亲密关系充满了挑战，需要相当的情商水平和反思能力。在这种不确定的年代里，人们对性行为的危险充满担忧，对自己的未来充满忧虑。而青春期的孩子可能需要花费更长的时间，才能发展出稳固的一对一关系。

我们探讨的亲密关系，同时也涉及由家庭关系中的依赖，转移到在家庭以外建立稳定、亲密的人际关系。这需要青少年建立自己的标准、判断力和自信，并且能够照顾别人的需要。当然，这是一个渐进的过程，会有不少反复。

正如前文所说，青春期的孩子需要更多地关注世界。要做到这一点，孩子们就需要抱有一颗同理心，更多地了解来自其他文化和背景下的个体。换句话说，他们需要扩展他们对人道的感知，从童年时期狭隘的、被保护的世界里走出来。这将意味着青少年必须了解可能与他们发生冲突的人，就像了解可能和他们合作的人一样。

有些青少年往往会形成狭隘的、刻板的个性，而有些青少年的个性则比较开朗，能够理解他人并乐意与人合作。如今，青少年们尤其需要扩展自己的同理心，并且在一定程度上扩展自己的个性。与此同时，他们还需要改变容易对他人产生刻板印象的倾向，还需要有更高水平的反思能力。这样，在与别人的对话及合作上，他们才更有可能成功。

因此，我们所说的"有安全感的青少年"，包含了很多的能力。它包含了我们曾经知道的能力——日益成熟的自我感知，越来越老练的判断力，以及越来越认同新的同伴、学校、工作和浪漫的爱情。但是，正如我们曾经所述，这个过程也涉及新的挑战——具备参与创造未来安全感的技能和想象力。

青少年苦恼的征兆

与学龄期儿童一样，青少年也有许多缺乏安全感的征兆。并且，青少年由于青春期日益增多的责任，往往会显示出更多苦恼。例如，不少青少年常常因为学校功课太多和性发育而感到不知所措，进而导致自己的行为越来越叛逆。再加上这个时期的青少年已经开始担忧自己的未来，因此他们的焦虑已经超越了眼前的问题。对有些孩子来说，这种不安会发展成绝望和忧郁。帮助青少年克服和处理这种焦虑，并用积极的方法解决问题，需要家庭、社区和政府共同努力。

在以下的几节里，我们将描述一些青春期孩子不安和焦虑的征兆。作为父母，从中可以看出孩子的苦恼。同时，针对每一个具体问题，我们也谈到了一些解决办法，并且概括了一些有助于增强青少年安全感的基本原则。

缺乏相应的人际关系和兴趣

青少年时期,孩子们往往会扩展自己的活动范围,涉猎新的爱好,选择不同的课程、音乐或者运动等等。但是,如果一个孩子不愿意参与大多数同龄人都感兴趣的活动,那就说明他的内心很可能对未来有一种潜在的忧虑。固然,孩子们在兴趣爱好上各有不同,但这个年龄的孩子如果缺少新的兴趣爱好,那就值得我们关注。大多数青少年都会对学校的某个科目产生兴趣,诸如音乐、运动、跳舞、棋艺、电脑或者其他课外活动。

然而,更值得家长们关注的是,这个时期的孩子是否愿意发展与同龄孩子的人际关系。如我们曾经提到的,青春期的孩子会与人建立更亲密的关系,并且对于自己珍视的朋友通常会发展出很深的感情。到了青春期中晚期,孩子才会对异性产生兴趣,并且也希望与成人比如老师或教练建立亲近的关系。通常,青少年也会更成熟地与祖父母等更大家庭范围内的成员进行互动,甚至会照顾可能需要帮助的爷爷奶奶。所有这些都是这时期的孩子们应该具备的,至少是他们的兴趣或人际关系的一部分。如果孩子到了这个年龄,仍然缺少上述行为，反而躲在房间里没完没了地玩电脑或看电视，就说明孩子的内心有潜在的苦恼。

如果孩子在学校的表现还不错，回到家里后又能及时完成作业，那么很多家长往往会忽视孩子的内心需求。这样的孩子如果内心存在某种苦痛，往往很容易被家长忽略。这绝不是部分孩子会这样，这种情况实际上经常发生。举例来说，在什么时候对异性产生兴趣这个问题上，青少年们的差异很大——有些到青春期快结束时才有，另一些则早在刚迈入青春期时就开始了。家长应该观察孩子的兴趣是否得以健康发展。如果孩子开始注意衣着打扮，这意味着他们意识到自己的长大，并开始萌发对异性的兴趣。如果孩子开始讨论某个亲友的工作多么有趣，也可能是他自己内心对那种工作有所向往。但是如果家长在孩子身上看不到类似充满热情的兴趣，那很可能因为孩子的内心对于长大充满了担忧。

如果孩子没有这个年纪该有的亲密关系，通常会显得态度冷漠、无精打采并且消极被动。有些孩子看上去十分沮丧，对什么事情都提不起兴趣，这往往说明孩子内心隐藏着很深的忧虑。

在这样的情况下，尤其重要的是，要给孩子提供始终如一的温暖和关爱,并形成一种持久的滋养关系。这样做会帮助青少年增强对人际关系的兴趣。与此同时,如果父母能够改善与子女的家庭关系,孩子们就会更好地拓展自己家庭之外的人际关系。

沉迷于某种兴趣

对于父母来说,青少年的很多兴趣都显得有些怪异或者不同寻常。比如一些孩子对音乐或服饰、某些特立独行的男女演员或者非比寻常的政治信念怀有很奇怪的品味。这正是青春期的孩子在探索世界和形成个性时常有的情形。

但是,一旦这些不寻常的兴趣主导了孩子的全部生活时,就可以将其看作是孩子内心存在苦恼的一种征兆。如果孩子对同龄人关系、学校活动、学习以及家庭生活毫无兴趣,那么父母就更应该多加注意。举例来说,有时候青少年可能参与特殊的活动,比如与宗教崇拜有关的活动。而类似的活动会改变孩子的着装风格、交友模式、学习态度,甚至影响孩子是否愿意对家人敞开心扉。出现这种情况时,父母应该密切关注孩子的动态,给予他们足够的关怀,找更多的时间陪伴孩子,以便及时应对可能出现的状况。对十几岁的孩子的父母来说,很多人往往低估了和孩子待在一起的价值。要知道，即便是有可能遭到孩子的拒绝或者沉默以对，抽出时间陪伴在孩子的左右也是很有必要的。

过分关注自己的身体 ▶

家庭成员对食物、运动和身材的态度，如同媒体对"理想体型"的描述一样，对孩子有着举足轻重的影响。众所周知，孩子在青春期会十分关注自己的外在形象，比如身体的哪些部位最能吸引别人等。但是，如果孩子过分关注自己的身体甚至为此紧张（比如一个孩子因为脸上长了粉刺就不愿出门），那么家长就需要给予帮助了。在这个时期，孩子们会变得非常注意饮食和控制体重，但这样做也可能会影响他们参与其他活动。如果孩子们的正常生活因此受到影响，就必须寻找专业人士进行干预。而最重要的一点是，家长应该分辨清楚问题的严重性。如果孩子的关注属于正常的范围内，那就无须采取措施；如果孩子已经存在焦虑和苦恼的迹象，那就一定要想办法进行帮助。

性早熟或过多涉入性行为 ▶

有许多青少年甚至在青春期刚开始，就很冒险地尝试性行为了。当孩子们情窦初开时，对性的渴望可能会成为孩子们的首要问题。当他们寻找自己心仪的对象时，这种渴望甚至会越来越多地占据孩子的生活。但是，如果孩子过度关注性或者过于早熟，很有可能说明孩子内心存在某种苦恼和忧虑，需要通过身体刺激得以发泄。如果孩子只能通过一种关系寻求在别的地方找不到的安全感，或者发泄对身体变化或家庭冲突的感受，那么家长必须认真对待，并且及时给予帮助，以解决孩子的苦恼。

冒险行为 ▲

青少年会有很多冒险甚至触犯法律的行为，比如超速开车、醉酒驾驶甚至在商店里顺手牵羊进行偷窃等。尽管冒险行为看上去只反映了青春期的一个侧面，但它却有可能变成一种危险的行为模式。对于家长而言，最重要的是如何能尽快地处理这种不受欢迎的行为。冒险行为实际上是一种信号，说明孩子在自我约束和自我规范方面可能存在问题。

饮酒和吸毒 ▲

许多青少年发展到依赖吸毒来稳定自己的情绪，或者借此获得社交上的满足。他们也可能为了体验迷幻感觉，而选择尝试吸食毒品。所有这些都需要家长给予即时的关注，同时采取措施进行综合治疗。

与此相类似，许多十几岁的孩子试图用酒精来麻醉自己，尝试冒险的快乐。不同的孩子可能在饮酒的多少和频率上存在差异，但父母都需要意识到孩子饮酒的危害，并采取必要的办法进行制止。

恐惧、担心和焦虑

像学龄期的儿童一样，青少年可能会有很多让他们感到恐惧、担心以及焦虑的事。它们经常表现为做噩梦、害怕出门或者内心极度焦虑等。有的孩子甚至有可能患上慢性抑郁和失眠症。

在青春期，孩子通常会把自己的焦虑转移到某种具体的事物上来。比如，一个忧虑全球变暖以及对未来感到不安的青少年，可能会把这种忧虑转移成害怕进不了理想的大学，或者担心找不到工作。换句话说，孩子的不安通常会以某种事情表现出来，而这种事情和自身的生存相比并不是那么可怕。当然了，如果找不到工作或者上不了大学，孩子可能会感到不安，但是这种困窘和自己的生存危机相比，实在算不了什么。因此，作为父母，我们不能简单地以为青少年所表达的担心和忧虑，会一定反映自己内心所关注的。我们需要探究问题的真正所在。通常情况下，如果孩子在学校和社交上出现问题,多半是由于孩子焦虑家庭问题而导致的。

因此,很重要的一点是,父母应该经常和孩子进行沟通交流,让孩子感受到安全和关爱,从而才能更加充分地表达自己的感受。父母只有这样做,孩子才能将内心苦恼的事情和盘托出。

悲伤和抑郁

当青少年参与新的兴趣和活动时,有很多原因会让他们感到悲伤或沮丧。比如,人际关系不尽如人意,考试一塌糊涂,与父母或老师发生争执等,都是常见的例子。但是,这个时期的沮丧与小学时期已经大不一样。小学生可能是因为身边的某件事而感到难过,比如遭到伙伴拒绝、父母偏爱弟弟妹妹或者父母不在身边陪伴等。而且家长很容易看出他们的悲伤与难过。而到了青春期,孩子们开始将坏情绪闷在肚子里,会觉得自己没用,或者自我感觉像个坏孩子,甚至对未来感到绝望无助。因为他们已经具有相当程度的自我认知,并且能够考虑各种假设的可能性和概率,因此有能力进行更加深入的自我反省。如果孩子感到沮丧,他可能有更多的自责和消极情绪。有的孩子甚至借由吸毒、酗酒或参与其他冒险如飙车来逃避这些情绪,更极端的甚至会有自杀行为。抑郁还会导致青少年采取攻击和伤害行为，包括采取自我毁灭的方式来伤害他人。

因此，家长要尽可能早地确认青少年是否有抑郁的倾向，同时给予孩子持久的关爱，帮助他们释放内在的压力。如果孩子的抑郁一直存在或者日益加深，就一定要寻求专业人士进行治疗。

对未来感到害怕 ▶

很多青少年都害怕未来，尤其是当他们面对诸如大学生活、未来的工作、人际关系或者建立自己的家庭等问题时。而对于世界安全和未来存亡的担忧，会加重孩子们的害怕。青少年们的内心往往还很脆弱，容易感到不安。因为在他们成长的过程中，经历了太多变化和不确定性，而这些都会让他们充满忧虑。

因此对青少年来说，到了青春期，无论是自身的发展，还是世界的存亡，各种问题的不确定性已经不再只是一种悲剧性的幻想。青少年已经明白诸如恐怖袭击、环境污染和核扩散之类问题的严重性，因而要去除掉他们的忧虑并不容易。孩子们不再因为父母善意的谎言或者简单的安慰就能忘掉忧愁。孩子们对未来感到害怕，有的是和外在世界有关，有的是和自己有关。有些孩子可能担忧与家人分离或者到外地求学，而另一些孩子可能觉得战争或灾难威胁生活，还有许多孩子则可能两种原因都有。

处理青少年这类忧虑的最好办法，同样也需要与他们建立一种持续的充满尊重的亲密关系，同时，对于孩子很小的过错，避免不必要的批评或者与其发生冲突。父母这样做有助于消除孩子的焦虑，并能让孩子学会客观地看待自己的害怕。通常而言，无论是青少年、成人或者儿童，如果在感到焦虑和担忧时，他们都很容易夸大事实，因为他们思考问题不再像平常那样能够自我反省。在严重焦虑的时候，人们往往容易陷入"要么全有要么全无"的思维模式。青少年已经能够预估事情发生的概率，可以知道坏事或好事发生的可能性，因而也能更好地思考到底该不该为某件事情忧虑。一旦他们从焦虑中平静下来，就能看出自身安全的机会还是很大的，至少在短时期内如此。与此同时，帮助孩子们参与一些政策讨论，或者参与一些有关冲突解决或环境保护的组织工作，会让他们感觉到自己的价值所在。通过这些，孩子们会发现自己能够为社会做有益的贡献，而不只是一个消极被动、无所事事的旁观者。

帮助青少年更有安全感

以上我们讨论的有关青少年苦恼的征兆，实际上也可以变成帮助孩子增强实力和自信心的机会。要达到这个目标，有三个重要的原则应该注意：

> **TIPS**
>
> **帮助孩子增强实力和自信心的三原则**
>
> ☆ 不断地给予孩子关爱；
> ☆ 同孩子建立牢固的、充满关爱和尊重的亲子关系；
> ☆ 增强青少年自我观察和自我反省的能力。

1. 不断地给予孩子关爱。 家长对孩子的关爱要一如既往，不要因为孩子长大而有所忽略。即便孩子已经十几岁了，并且表示不再需要，你仍然要给出你的爱。正如我们之前提到的，当你必须提供"心灵鸡汤"给孩子时，也要懂得尊重孩子的自主性，以及他们日渐显露的自立和自强。青少年们最常见的一个抱怨是："我的父母不尊重我。"而家长们会说：

"哦，没什么好尊重的，他在学校的表现实在糟透了。"

一个转过三次学校的孩子曾经告诉我："我父亲一点也不懂得尊重我。我在学校表现不好是因为我不喜欢听讲。但是我有很多兴趣爱好。我很有音乐天赋，而且我擅长做手工。我可以做很多东西。但是不管我做得多好，他还是不尊重我。"这个孩子对自己的分析非常准确。他不是一个好学生，不太把学校的功课当回事。但是父母却对他的学习要求极高，不停地把他从一所私立学校转到另一所私立学校。其实，这个孩子非常有音乐天分，手工做得也非常好。他还说他的同学们都很喜欢他。他待人真诚、言语动听，而且很有见地。

在我们的帮助下，他的父母学会了如何尊重孩子。后来，他的成绩突飞猛进，不但通过了所有的考试，而且还拿了好几个 B。因为他喜爱音乐，在家人的支持下，这个孩子在学习音乐时也非常刻苦，取得了显著的进步。

2. 认识到自己的局限。家长通常都认识不到自身的局限。尽管他们可以对孩子施加影响，但这种影响是有限的。家长可以给予或取消零用钱，可以允许或不准孩子碰你的汽车，也可以给予或不给予孩子尊重和支持。但如果孩子坚决要做某些事，家长其实也没有太多办法。因为父母不可能每时每刻都紧盯着孩子，青少年有的是自由时间。在下午放学后而父母仍在上班的这段时间内，孩子们很有可能偷尝禁果、酗酒甚至打架。

由于父母对孩子的控制和影响有限，所以你必须依靠劝说让孩子与你合作。到了青春期，家长和孩子之间已经不再是家长完全说了算，而是转变到双方基于互相尊重而建立的合作关系上来。

在进行劝说时，要想让孩子接受你的意见，首要的就是同孩子建立牢固的、充满关爱和尊重的亲子关系。离开了这个条件，如果你一味地坚持自己的意见，孩子绝不可能乖乖就范。但是，如果你们之间关系亲密并且相互尊重，多数青少年都会乐意倾听父母的意见。因此，如果你明白了自己在教育孩子上的局限，就不会陷入愤怒和命令无效的怪圈。有不少对于青少年父母的忠告，但是往往有些极端，要么是对待孩子过分严苛，要么是对待孩子过分宽容。实际上，要很好地整合这两个方面，对父母来说确实不太容易。但是请记住，在养育孩子时，家长需要给予孩子以支持和尊重，同时还要用坚定的界限进行引导。

3. 自我反省。父母应该不断地尝试增强青少年自我观察和自我反省的能力。实际上，每天都有无数的机会可以这样做。当孩子想要借用父母的汽车时，家长应该不直接回答可以或不可以，而先试探着询问孩子为什么想开车出去、要出去多久，并且是否已做完作业。家长随时可以和孩子进行类似的讨论，这会帮助他们反省自己的欲望。当孩子离家上大学或参加工作之前，"自我反省"的能力是父母送给他们的最好礼物。要知道，正是父母给予孩子的这个礼物，可以使他们长大后能够成为有责任心的合格公民。拥有自省能力的人能够自己解决问题，而且懂得评估和衡量自己的冲动和欲求。不具备反省能力的人只会忙着应付眼前的问题，并且在遇到问题时往往很容易冲动。

那些存在学习及发展困难的青少年，需要额外练习自我反省和解决问题的能力。即使是在这些方面问题很严重的孩子，也能从练习中大为受益。我们曾经帮助过一群被诊断为有智障的青少年和成人，他们中的一些人还患有自闭症。其中，有一对年轻人因为他们相互喜欢上了对方，决定住在一起。根据智力测验，这两人的智商都不到八十。他们都在残疾人福利工厂上班，住在有人专门监管的宿舍里。当他们获准住在一起后，却不能按时上班，总是迟到。有一天工长对他们说："嗯，很明显你们有些不负责任。你们住在一起就没有办法准时上班,因此必须回到各自原来的单人房间里。"工长的态度十分坚决,毫无商量的余地。两个年轻人连一个解释的机会都没有得到。

实际情况是,他们其中一人患有运动性肌肉障碍,穿衣服很慢,而另一人每次都出于好心地前去帮忙,结果两个人总是迟到。就他们本身的智力状况而言,他们缺乏自我反省的能力。而工长的做法并不能帮助他们解决问题。相反,如果工长能够按照下面的方式对他们说的话,就很有可能促使他们自我反省。"你们是不是必须得更早一点起床?"或"你们在穿衣上需要协助吗?"后来,经过我们类似的引导,他们决定尝试早起,并且答应说如果需要会呼叫助手的。这个办法很管用,而且事实证明他们做得的确很好。更重要的是,通过这件事情,两个人知道了自己有能力解决问题。

除了上述三个原则外,我们在本书中一直探讨的那些方法——增加对孩子的关爱(陪伴孩子闲逛)、解决问题、同理心、把问题化整为零以及设定界限——都有助于青少年认识并克服自己的不安全感。

但是,家长在采用这五种方法时,还需要一些额外的注意。

闲逛时间

陪伴青春期的孩子闲逛（也就是青少年的"地板时间"），其重要性与陪伴小学时期的孩子一样。但是，要想创造与青少年接触的机会并不容易，十几岁的孩子更愿意同朋友们一起出去闲逛。要知道，当孩子处于童年时期，往往是父母没有时间陪伴他们。而到了青春期，则是孩子们没有时间留给父母。可以说，情况正好完全相反。

家长要想创造机会与孩子在一起，一个最好的办法就是培养自己具有和孩子一样的兴趣。比如孩子喜欢听音乐会或者看篮球比赛，而你买了音乐会或篮球赛的门票的话，他就可能会同你一起前往。或者孩子喜欢吃某种美食，而你愿意请客，他也会欣然同去。

另外，在学会开车并取得驾照前，大部分青少年不得不依赖父母开车送他们到想去的地方。实际上孩子们想要去的地方很多，家长不要嫌弃自己充当司机的角色，反而应该享受这样的旅程。关注孩子谈话的内容，认真倾听孩子的内心。家长需要注意的关键是，你要跟随孩子的引导和谈话，如同你对待小学时期的孩子那样。孩子可能会谈论音乐、朋友、令人讨厌的老师等话题，甚至他还会对你的开车水平评头论足（比如为什么你开车这么差劲，如果他拿到驾照一定会开得比你好）。不管你们谈的话题是什么，你只要跟着孩子的引导，帮助他清楚地表达自己的想法，你就可以趁机了解孩子对于生活的看法。如果家长总是提出苛刻的问题，或者不停地打断孩子的思考，就不可能营造出你想要的气氛。即便你的孩子是一个专注的听众，你的说教也会将这种亲子之间的温情时光破坏殆尽。

解决问题

同孩子一起解决问题，同样需要寻找机会——不管是开车出去或者一起参加音乐会或户外运动——这样的机会都应该善加利用。对于十几岁的孩子来说，父母要帮助他们学会提前预知困难，一同探讨明天的设想，一同应对未来的挑战等。但是，要做到这些，需要父母和孩子双方真正的合作。

如果孩子遇到了挑战，比如孩子与教练、戏剧老师或朋友之间产生了矛盾（许多青少年都会同亲近的父母讨论这些问题），那反倒是让孩子练习解决问题的绝佳机会。关于这一点，我们在之前小学时期的孩子一章中进行过描述。举例来说，当你们讨论上大学的问题时，可以要求孩子描绘一下对不同大学的看法。"不同大学的氛围到底会是什么样子呢？"类似这样的探讨，非常有助于孩子学习解决问题。尽管这样的机会不可能每一次都有，但只要你能经常陪伴孩子闲逛，那么就总会有机会让你们进行这样的交流。

同理心

　　对父母而言，以同理心看待青春期的孩子，要比对年幼的孩子那样做困难得多。有的孩子可能想在身上某一部位刺青，这会让家长感到难以想象，更不用说以同理心对待了。家长们需要回顾自己在青春期时的经历，回忆自己当时糟糕的感觉，以及自己曾经想过什么法子以让自己更有安全感一些。刺青可能只是孩子们一种表达个性的方法，也可能是能让他们觉得自己更有魅力的途径。固然这不是父母那一代人想做的事，但可能正是孩子们这一代流行的想法。对他们抱以同理心，并不意味着虽然你觉得刺青有害健康，你还得去适应孩子的行为。父母们都会认为那样做有些冒险，因为孩子很可能没几个星期就改变主意了。但是，如果你想帮助孩子理智地考虑清楚，并学会自我反省，你需要首先对孩子的想法抱以同理心，然后给孩子提供更好的建议。只有这样，孩子才会愿意重视你的想法，也才会少做傻事。实际上，面对青春期的诸多问题，父母们都需要做出极大的努力，才能抱以同理心去面对。

循序渐进

对于孩子在学业、社交上的困难，或者在守规矩方面的问题，家长不要寄希望于他们能在一夜之间会有了不起的改变。父母应该意识到，孩子的进步绝非一日之功，在每一个方面的进步都需要孩子花费时间才能熟练掌握。

举例来说，当孩子学习从一个人玩到学会与别人一起玩，比如原来独自待在家里玩电脑，后来到外面与同龄人和朋友一起玩游戏，这种转变通常并不容易做到。首先第一步要让孩子享受到与父亲或母亲一起玩的乐趣，通过这样的互动激发孩子对别人的兴趣。然后，父母可以让孩子参与别的孩子正从事的活动。例如，可能有一个班级正在教授新的手工课，而且很有吸引力，很多外班的同学也很感兴趣。这时，你就鼓励孩子参与其中。通过这种方式，慢慢地你就可以帮助孩子转变思维，敢于做你想让他们做并且他们可能更想做的事情（有些事情孩子们非常想做，尽管口头不愿承认）。这种方法实际上就是把问题分成若干小步骤，通过努力让孩子逐渐取得进步。不管何时遇到孩子的抵制，你都可以采取化整为零的方式，把这些步骤分成更小的步骤，从而让孩子不断地获得成就感。

但是在选择步骤时，家长要清楚这些步骤是要为达成你的目标服务的。例如，在介绍孩子与同龄人交往时，家长首先应该增强孩子结交新朋友的愿望，否则简单地把孩子介绍给同龄孩子认识，并不一定能收到预期的效果，反倒会让孩子失去与人交往的兴趣。

设定行为界限

给青春期的孩子设定行为界限尤其困难，因为就像我们之前所说，你不能再像孩子小的时候那样左右他们的生活。许多青春期的孩子很快就学会了开车，并且喜欢长时间待在朋友家里，甚至经常夜间外出（至少周末晚上）。对于这些情况，你怎么设定孩子的行为界限并且提供指导呢？

首先关键的一点是，家长要认识到这样一个事实：孩子们的生活已经不同以往。对有些父母而言，这会让他们感到非常沮丧和焦虑不安。他们总是幻想着自己能够管得住孩子，却总是陷入与孩子的纷争之中，甚至有的家长还对孩子拳脚相加。在对待青少年的问题上，家长们开始变得缺乏理性，沉溺于仍然能够控制孩子的美梦当中。当孩子拒绝管教或者显露逆反时，亲子之间的矛盾就会越来越尖锐，直到最后发生严重的家庭冲突，有时还会在父子之间发生肢体冲突。通常，亲子关系到了这种时候，一定得寻求专业咨询进行协助。

如果父母能认识到自己的局限,那么他们接下来就可以采取第二步:为青少年们提供指导和方向。当父母这样做时,他们更能获得孩子的合作,并且能帮助孩子培养自己的内在标准和判断力。毕竟,孩子们终究得学会自力更生,甚至有一天可能需要照顾父母。家长所能给孩子们的最好东西,就是良好的判断力。帮助孩子内化自己的价值观和理想非常重要,即便父母不在身旁,这些价值观也能给他们提供引导。

但是,在讨论如何达到这个目标之前,同样也要清楚的一点是:家长不要逃避在设定界限上自己要承担的责任。尽管我们承认对青少年的管教比较有限,父母对此要现实一些,但设定行为界限非常有必要。例如,当孩子饮食不够规律、私自驾车外出或者不按时回家时,你都应该设定行为界限,比如采取宵禁、限制开车以及禁足等方式。另外,家长应该培养孩子具有责任心。当父母要求孩子做事时,态度要坚定,要求要合理。而孩子对于父母的要求,也不能口头上答应却从不付诸行动。家长必须要求他们有实际的行动。

如果父母的管教达不到目标时,不妨尝试采用其他的方法进行应对。举例而言,如果孩子没有做完功课,你可以禁止孩子看球赛或者打电话。但是，你也可采取辅导的方式帮助孩子完成功课，或者在一旁监督孩子认真学习。这些方式会让孩子意识到，对于关乎他们的重要事情，父母都会愿意全身心地提供帮助。如果父母采取的方式很温暖、充满尊重和支持的话，孩子通常就会顺应父母的计划。要知道，父母对孩子的关心绝不是通过力量争斗或者大发雷霆甚至打架来实施的，相反是通过愿意花费很多时间陪伴孩子，并且帮助孩子学习所需要的技能来实现的，不管是学业上的还是社交上的技能。

但是给青少年设定界限，的确是一个很大的问题。家长怎样才能将内在的判断力和价值观灌输给孩子，以让孩子们从内心接受其引导呢？青春期说长也短，因为过不了几年，孩子们就要去上大学、参加工作或者到其他地方独自生活。到了那个时候，你能左右孩子的机会就更加有限。因此，青少年时期是非常珍贵的，你还有机会培养他们的判断力和价值观。父母应该将这个阶段看成是一种过渡时期，通过亲子之间的合作与努力，孩子能够学会建立内在的价值观，形成自己的判断力。事实上，父母的所作所为是在为孩子一生的品质搭建基础。对于已经长大成人的孩子来说，如果他们能经常回到父母身边，听听他们更好的处世经验、学学他们应对挑战的智慧，将会非常有用。

要想培养孩子的判断力和价值观，需要亲子双方之间通力合作。我们在上面也概括了一些具体的方法——关心爱护孩子、花时间陪伴孩子、共同面对未来的挑战、对孩子的观点抱以同理心、提出问题鼓励孩子反省以及帮助孩子一步一步地解决问题等。这些方法都是很好的工具，可以培养孩子形成良好的判断力，并将其应用到解决新的问题上。当孩子对亲子关系有更多积极而不是消极的感受时，他才更愿意接受父母跟自己一致的价值观或理念。

当然了，对于父母灌输的所有理念或价值观，孩子没必要全盘接受，但是许多孩子采纳的程度简直让人吃惊。只是通常父母无法验证子女到底采纳了多少。例如，孩子可能不大同意父母在很多方面的看法，从政治态度到音乐爱好，到朋友关系，再到职业规划，甚至到宗教信仰等。很多孩子看上去十分反对父母的价值观，但是，每当孩子做出重大的决定时，很多时候却和父母年轻时的做法非常相像。当他们决定组织自己的家庭时，当他们用温暖的、负责任的态度来养育孩子时，当他们尊重别人并且怀着同理心看待别人的需要时，他们的做法和父母非常相同。毕竟，孩子们在潜移默化中学到和继承了父母太多的东西。有的孩子并不认同父母的宗教理念，但实际上已经将父母的宗教信仰内化到自己的心中。对于父母的兴趣爱好，孩子们可能并没有承袭多少，但也可能已经吸收了父母品行的精髓。大部分受到良好家庭教养的孩子，即使他们的兴趣爱好和父母大相径庭，实际上和父母相似的程度也远远超过了他们的认知。

> **TIPS 提升青少年安全感的方法**
>
> ☆ 家长要不断地给予孩子关爱；
> ☆ 同孩子建立牢固的、充满关爱和尊重的亲子关系；
> ☆ 增强青少年自我观察和自我反省的能力；
> ☆ 创造机会与孩子在一起；
> ☆ 父母要帮助他们学会提前预知困难，一同探讨明天的设想，一同应对未来的挑战；
> ☆ 用同理心看待青春期的孩子；
> ☆ 把问题分成若干小步骤，从而让孩子不断地获得成就感。
> ☆ 父母用温暖、尊重和支持的方式，给青少年设定界限。

对于以上这五种方法，家长在任何时候都可以采取相应的措施。并且当孩子感到不安和沮丧时，应该多管齐下，这是家庭帮助的首要内容。这些方法的实质是，鼓励亲子之间进行沟通和交流。因为这样往往有助于青少年克服轻微的焦虑，学会更好地应对问题。但是，如果孩子的苦恼非常严重，甚至导致抑郁，那么家长一定要及时寻求专业的帮助。如果孩子的苦恼看起来并不严重，但是对什么事情都反应冷漠，而且状况一直持续甚至恶化，家长也要及时寻求专业治疗。但即便是在接受专业咨询、评估或者治疗期间，我们谈到的这些方法仍然会创造很好的氛围，让孩子学习应对困难，学会更加理性。因为这些方法会为孩子的安全感创造基础，青少年们可以借此获得良好的发展，并进入心智稳定、内心充实的成年时期。

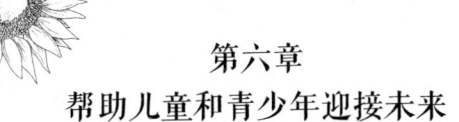

第六章
帮助儿童和青少年迎接未来

善于用多元化的观点来教育学生。通过这种课程训练,当孩子们毕业时,他们都会从一种宽广和富于同理心的视角,来看待不同的民族和文化。

我们在之前提到过，没有一个安全的家庭，孩子就不会具有安全感。与此相似，安全的家庭需要一个安全的社区，安全的社区需要一个安全的国家乃至安全的世界。

在过去，一个国家可以与世隔绝，不与邻国往来。但是现在，世界已经从经济上、政治上以及通过当代传媒从文化上，变得日益相互依赖。类似恐怖袭击这样的悲剧，戏剧化地渲染了"共享的危险"，同时也让世界变得更加相互依存。

这种相互依存的事实，需要我们从心理上增强对"人性"和"责任"的认知。只有增进理解与合作，同时采取顾及他人的长远政策，我们才能朝着正确的方向前进。即使是采取有效的军事行动，也需要有类似这样的视角。例如，如果可以通过有效的全球合作，将"不法群体"控制在绝对小的范围内，那么界限设定和军事行动才能取得理想的效果。这样的合作意味着我们必须比以往更加关心全球儿童、家庭和社会的福祉。同时，这也意味着我们得让自己的孩子做好准备，让他们学会在未来相互依存的世界中生存。

有安全感的孩子需要特别的机会，去拓展自己对于人性和同理心的感知。父母需要和学校一道，通过参加学校的教育董事会、家长教师联谊会和其他途径，来对学校的教育政策施加影响。在青春期这些年里，孩子们需要通过探索不同民族体验和看待生活的不同方法，学会跨文化的思考能力。诸如南美洲、欧洲、亚洲以及中东等世界各地的文化，孩子们都应该有所了解，因为这种了解对于保护世界的未来至关重要。

这就需要我们更多地从文化和心理的角度来理解世界，而不是从现今那些典型的历史教科书中理解世界。要做到这一点，离不开对经济学、社会学、政治学、文化人类学以及心理学的学习。能够较好地整合这些科目的综合性课程，目前在大多数的学校里都难以提供。不过，在美国的某些国际学校里已有这样的课程。比如，华盛顿国际学校的地理课在教育学生时，会打比方说一个孩子的身体是由来自世界各地不同的儿童组成的，形象地传达了世界是由不同的人类组成的这种理念。这个学校具有丰富精彩的课程，并且善于从多元化的观点来教育学生。在我看来，通过这种课程训练，当孩子们毕业时，他们都会以一种宽广和富于同理心的视角，来看待不同的民族和文化。然而遗憾的是，大部分美国高中毕业生甚至大学毕业生，都没有学会用这种方式思考问题。

另外，父母和学校要鼓励青少年主动参与政策讨论，以便于为他们以后成为合格的选民做准备。不少青少年的观点往往十分偏激，但你最好先仔细倾听，了解他们这些观点如何得来，然后再帮助他们进一步分析观点的对错。同时，在培养孩子的过程中，教育者和家长不能只专注于同理心的智力基础，也要注意同理心的情感基础。理解他人的能力，来源于在学校和家庭中培养的人际关系。学校和家庭给予孩子以照顾、关爱和支持，也教会了他们去为他人着想。所有这些，都是孩子形成正确的价值观所必不可少的。

在这个追求成就的忙碌世界中，我们已经忘记了很多能够解决问题的基本能力。而学校和家庭需要更多地培养孩子这方面的基本能力。真正的同理心无须过多的教育，相反它会促进孩子的学习。要确保孩子具有理解能力——这也是教育的目的——需要培养孩子理解及借鉴他人经验的能力。这些经验可能来自不同的历史时期，也可能来自不同的文化群体，甚至来自未来的成人和孩子们。

第六章
帮助儿童和青少年迎接未来

作为父母，我们比过去的任何时代都更有责任，去帮助孩子全面地了解地球上的人类和生态。我们可以从家庭开始，训练这些未来社会的主人，让他们知道如何保护这个互相依存的世界，并为之努力工作。

致　谢

我想要感谢简·滕尼（Jan Tunney）和苏·莫里森（Sue Morrison），他们在帮助准备出版手稿上付出了巨大的努力。

我也要感谢莎拉·米勒（Sarah Miller）在工作上为我提供的非同寻常的专业支持。

我特别要感谢梅尔罗德·劳伦斯（Merloyd Lawrence）的指导，以及像往常一样为我的手稿所做的出色的编辑工作。